A MARCA DA VITÓRIA

PARA JOVENS EMPREENDEDORES

PHIL KNIGHT

São Paulo
2023

Grupo Editorial
UNIVERSO DOS LIVROS

Diretor editorial: **Luis Matos**
Gerente editorial: **Marcia Batista**
Assistentes editoriais: **Letícia Nakamura e Raquel F. Abranches**
Tradução: **Cristina Calderini Tognelli**
Preparação: **Sandra Scapin**
Revisão: **Geisa Mathias de Oliveira e Ricardo Franzin**
Arte e adaptação de capa: **Valdinei Gomes**
Diagramação: **Cristiano Martins**

Dados Internacionais de Catalogação na Publicação (CIP)
Angélica Ilacqua CRB-8/7057

K262m

Knight, Phil

A marca da vitória – para jovens empreendedores: a autobiografia do criador da Nike/ Phil Knight; tradução de Cristina Calderini Tognelli. – São Paulo : Universo dos Livros, 2019.

240 p.

ISBN: 978-85-503-0440-3
Título original: *Shoe dog – a memoir by the creator of Nike – young readers edition*

1. Knight, Phil, 1938- Biografia 2. Empresários - Estados Unidos - Biografia 3. Nike (Firma) I. Título II. Tognelli, Cristina Calderini

19-1329 CDD 926.58

Universo dos Livros Editora Ltda.
Avenida Ordem e Progresso, 157 – 8º andar – Conj. 803
CEP 01141-030 – Barra Funda – São Paulo/SP
Telefone/Fax: (11) 3392-3336
www.universodoslivros.com.br
e-mail: editor@universodoslivros.com.br

Para os meus netos, para que eles saibam.

Há muitas possibilidades na mente do principiante, mas poucas na do perito.

— Shunryu Suzuki,
Mente zen, mente de principiante

Introdução

Carta aos meus netos

Queridos Jordan, Logan, Ridley, Willow, Anthony, Dylan, Nicholas, Reade, Henry, Riley e Merrick,

Quando eu estava no ensino médio, não tinha a menor ideia do que faria da minha vida. Ou, mais precisamente, queria fazer algo diferente a cada semana – queria ser jornalista, homem de negócios, advogado, comentarista esportivo, professor…

E isso não melhorou muito na faculdade, tampouco na pós-graduação. Busquei obter uma boa educação – sabia que isso seria de grande ajuda –, mas o que me preocupava era ter de tomar decisões reais sobre a vida.

Hoje percebo que tive sorte. O processo de tomada de decisões é uma parte agradável da jornada. Para mim, não houve um caminho claro, mas um que acabou dando bem certo, e me ocorreu que compartilhar essa jornada com vocês poderia ser útil.

Lembro-me, no caso de muitos de vocês, do momento em que nasceram – quando o mundo inteiro se colocou diante de vocês. E, com isso, o desafio para seus parentes mais velhos:

como prepará-los, educá-los, disciplina-los; enfim, como sorrir com vocês.

Mas num curso de vida normal, e às vezes cedo demais, chegará o dia em que entraremos no quarto de vocês e só restará uma cama vazia, sem a impressão de que um corpo humano tenha dormido nela. Nosso trabalho, então, estará concluído, e vocês terão ido para o mundo dos adultos, dos estudos universitários, do trabalho ou da vida ao lado de outra pessoa.

Se quaisquer das experiências ou lições da jornada de seu avô lhes for útil... Bem, então tudo terá valido a pena.

A minha casa foi, de certa forma, diferente daquela em que vocês cresceram. Nela, meus filhos Matt e Travis cresceram com um terceiro irmão – um que eles não conseguiam ver nem tocar, mas cuja presença era constante.

E eles sempre sabiam que esse outro irmão estava lá.

Tornou-se importante para mim que vocês conhecessem esse outro membro da família. Ah, muito foi escrito sobre ele, mas eu quero que vocês o vejam pelos meus olhos – seu nascimento, suas dificuldades adolescentes e seu crescimento, até o momento em que ele também pôde sair de casa.

Eu o mostro aqui com todas as suas imperfeições juvenis, mas, apesar de tudo, espero que o aceitem como membro da família.

Com muito amor,
Vovô

Amanhecer

Acordei antes dos outros. Antes dos pássaros, antes do Sol... Engoli uma torrada, vesti short e blusão, amarrei os cadarços dos meus tênis de corrida. Em seguida, saí silenciosamente pela porta dos fundos.

Alonguei as pernas, as coxas, a lombar e gemi quando dei os primeiros passos obstinados pela rua fria, em meio à neblina. Por que era sempre tão difícil começar?

Não havia carros. Ninguém. Nenhum sinal de vida. Eu estava absolutamente sozinho, com o mundo só para mim – apesar de, estranhamente, as árvores parecerem cientes da minha presença. Mas, pensando bem, aquilo era o Oregon. As árvores sempre pareciam saber. As árvores eram sempre a sua retaguarda.

Que belo lugar para se nascer, pensei, olhando ao redor. Calmo, verdejante, tranquilo – eu tinha orgulho de chamar o Oregon de lar; orgulho de chamar a pequena Portland de cidade natal. Mas também senti uma pontada de arrependimento. Apesar de belo, o Oregon dava a certas pessoas a impressão de ser um lugar em que nunca acontecia algo de importante. Se alguma fama cabia a nós, os nativos do estado, era a de ter aberto uma trilha muito, muito antiga para chegar até aqui. Desde então, as coisas foram bem tranquilas.

O melhor professor que tive, um dos melhores homens que já conheci, falava com frequência sobre essa rota. Era o nosso patrimônio hereditário, ele bradava. O nosso caráter, o nosso destino – o nosso DNA. "Os covardes jamais começaram", ele me dissera, "e os fracos morreram ao longo do caminho. Assim, restamos nós".

Nós. Meu professor acreditava que alguma força rara do espírito pioneiro fora descoberta ao longo dessa rota. Algum senso de possibilidade incomum misturado a uma reduzida capacidade para o pessimismo, e era responsabilidade nossa, como filhos do Oregon, manter essa força viva.

Eu assentia, mostrando-lhe o devido respeito. Eu adorava o camarada. Mas, ao me afastar, algumas vezes pensava: *Caramba, mas é só uma estrada empoeirada.*

Naquela manhã de neblina, eu acabara de desbravar a minha própria trilha de volta para casa após sete longos anos de ausência. Era estranho estar em casa de novo. Mais estranho ainda era morar de novo com meus pais e minhas irmãs gêmeas e dormir na minha antiga cama de infância. Tarde da noite, eu deitava de costas e, olhando para os livros da faculdade, para os troféus e as *blue ribbons*, as fitas azuis recebidas por conquistas no ensino médio, pensava: *Esse sou eu? Ainda?*

Andei mais rápido pela estrada. Minha respiração formava lufadas redondas e geladas na neblina. Saboreei aquele primeiro despertar físico, aquele momento luminoso, antes que a mente estivesse totalmente lúcida, quando os membros e as juntas começam a se soltar e o corpo material começa a derreter. De sólido a líquido.

Mais rápido, ordenei a mim mesmo. *Mais rápido.*

No papel, pensei, *eu era adulto*. Diplomado em uma boa faculdade – na Universidade do Oregon. Pós-graduado em Administração em uma excelente universidade – Stanford. Eu havia sobrevivido ao ano de alistamento no exército norte-americano – em Fort Lewis e Fort Eustis. Meu currículo dizia que eu era um estudante de destaque, um soldado bem-sucedido, um jovem de vinte e quatro anos completos... *Então, por que*, me perguntei, *eu ainda me sentia uma criança?*

O mesmo garoto tímido, pálido, magricela que sempre fui.

Talvez porque ainda não tivesse experimentado nada da vida. Muito menos suas muitas tentações e emoções. Não quebrara nenhuma regra. Era o início dos anos 1960, a época da rebeldia, e eu talvez fosse a única pessoa do país que ainda não se rebelara. Não conseguia pensar em nenhuma vez que tivesse feito o inesperado.

Se eu ficava remoendo todas as coisas que eu não era, o motivo era simplesmente porque aquelas eram as coisas que eu melhor sabia a meu respeito. Achava difícil dizer o que ou quem eu era, exatamente, ou poderia me tornar. Como todos os meus amigos, eu queria ser bem-sucedido. Mas ao contrário deles, eu não sabia o que isso significava. Dinheiro? Talvez. Família? Casa? Claro, se tivesse sorte. Esses eram os objetivos que me ensinaram a aspirar, e parte de mim de fato os aspirava, instintivamente. Mas bem lá no fundo, eu buscava algo diferente, algo mais. Tinha a forte impressão de que o nosso tempo é curto. Mais curto do que pensamos. Breve como uma corrida matinal, e eu queria que o meu tempo fosse significativo. Importante. E criativo. E mais do que tudo isso: diferente.

Eu queria deixar uma marca no mundo.

Eu queria vencer.

Não, isso não estava certo. Eu simplesmente não queria perder.

E então aconteceu. À medida que meu jovem coração começava a acelerar, que meus pulmões rosados se expandiam como as asas de um pássaro e que as árvores se tornavam borrões verdes, vi claramente diante de mim como eu queria que a minha vida fosse. Esporte.

Sim, pensei, *é isso*. Essa é a palavra. O segredo da felicidade, eu sempre suspeitara, jazia em algum lugar no instante em que a bola está no ar, em que ambos os boxeadores sentem a iminência do gongo, em que os corredores se aproximam da linha de chegada e a multidão se ergue como um corpo só. Há uma espécie de clareza exuberante naquele meio segundo pulsante antes que a vitória e a derrota sejam decididas. Eu queria que isso, o que quer que isso significasse, fosse a minha vida, o meu dia a dia.

Em diferentes épocas sonhei me tornar um grande romancista, um grande jornalista, um grande estadista. Mas o sonho principal sempre foi o de ser um grande atleta. Infelizmente, o destino me fez bom, mas não extraordinário. Aos vinte e quatro anos, finalmente, rendi-me a essa evidência. Eu praticara atletismo na Universidade do Oregon, e com algum destaque, ganhando títulos em três dos quatro anos. Mas isso foi tudo. Naquele dia, enquanto eu corria cada vez mais rápido, enquanto o Sol nascente ateava fogo nas agulhas mais baixas dos pinheiros, perguntei a mim mesmo: "E se existir uma maneira de sentir o que os atletas sentem sem ter de ser atleta? De praticar esportes o tempo todo em vez de trabalhar, ou, então, de gostar tanto do trabalho que ele se torna essencialmente a mesma coisa?".

O mundo andava tão atropelado e a rotina diária tão exaustiva – e muitas vezes injusta – que talvez a única resposta, pensei, fosse encontrar algum sonho prodigioso, improvável, que valesse a pena, que parecesse divertido, que parecesse adequado, e persegui-lo com a mente dedicada e objetiva de um atleta. Quer se goste quer não, a vida é um jogo. Quem negar essa verdade, quem simplesmente se recusa a jogar, acaba sozinho do lado de fora da quadra, e eu não queria isso. Mais do que qualquer outra coisa, isso era o que eu não queria.

Esse pensamento, como sempre, me levou à minha Ideia Maluca. Talvez, só talvez, eu precisasse dar mais uma olhada na minha Ideia Maluca. Talvez a minha Ideia Maluca pudesse... dar certo?

Talvez.

Não, não, pensei, correndo mais rápido, mais e mais rápido, correndo como se perseguisse alguém *e* estivesse sendo perseguido ao mesmo tempo. *Vai* dar certo. Por Deus, *vou fazer* com que dê certo. Nada de talvez nisso.

De repente, eu estava sorrindo. Quase gargalhando. Molhado de suor, movendo-me com mais graciosidade e leveza do que nunca, vi a minha Ideia Maluca brilhando adiante. E ela nem parecia tão maluca assim. Nem se parecia com uma ideia. Parecia-se com um lugar. Parecia-se com uma pessoa ou alguma força vital que existia há mais tempo que eu, separada de mim, mas também uma parte de mim. Esperando por mim, mas também se escondendo de mim. Isso pode parecer um tanto exótico, um pouco *maluco*. Mas foi assim que me senti na época.

Ou talvez não. Talvez a minha memória esteja amplificando esse momento eureca, ou condensando muitos momentos eurecas num único. Ou, quem sabe, se existe um momento assim, não passe de um êxtase de corredor. Não sei. Não tenho como dizer. Tantas coisas sobre aqueles dias e meses e anos nos quais tudo foi acontecendo lentamente desapareceram como as nuvenzinhas redondas e geladas de respiração.

O que resta, contudo, é esta certeza reconfortante, esta verdade que é como uma âncora que jamais iria embora. Aos vinte e quatro anos eu tive uma Ideia Maluca e, de alguma forma, apesar de estar tonto com essa angústia existencial, como todos os jovens homens e mulheres em seus vinte e poucos anos, eu resolvi que o mundo era feito de ideias malucas. A história é uma longa procissão de ideias malucas. As coisas que eu mais amava – livros, esportes, democracia, livre iniciativa – começaram como ideias malucas.

Dito isso, poucas ideias são tão malucas quanto a minha atividade favorita – correr. É difícil. É doloroso. As recompensas são poucas e jamais garantidas. Quando você corre numa pista oval ou numa estrada deserta, não tem um destino definido. Pelo menos, não um que justifique o esforço. O ato em si se torna o destino. Não é só o fato de não existir uma linha de chegada, mas o de ser você quem a define. Quaisquer prazeres ou ganhos que derivem do ato de correr, você deve encontrá-los dentro de si. Tudo depende de como você encara isso, de como vende essa ideia para si mesmo. Todo corredor sabe disso. Você corre e corre, quilômetro após quilômetro, e nunca sabe muito bem por quê. Você diz a si mesmo que está correndo em direção a um objetivo, perseguindo alguma emoção, mas, na verdade, corre porque ficar parado – a alternativa – mete medo.

Portanto, naquela manhã de 1962 eu disse a mim mesmo: "Deixe que todos os outros chamem a sua ideia de maluca... Apenas siga em frente. Não pare. Nem pense em parar até chegar lá, e não pense muito onde fica esse 'lá'. O que quer que aconteça, apenas não pare".

Esse foi o conselho precioso, urgente e cauteloso que consegui dar a mim mesmo, de repente, do nada, e, de alguma forma, consegui segui-lo. Meio século mais tarde, acredito que esse seja o melhor conselho – talvez o único – que alguém pode dar.

PRIMEIRA PARTE

Pois *aqui*, como vê, você tem de correr o mais que pode para continuar no mesmo lugar. Se quiser ir a alguma outra parte, tem de correr no mínimo duas vezes mais rápido.

— Lewis Carroll, *Alice através do espelho*

1962

Quando toquei no assunto com meu pai, quando tive coragem de falar com ele a respeito da minha Ideia Maluca, tive o cuidado de fazê-lo no começo da noite. Aquele sempre era o melhor momento com meu pai. Nessa hora ele estava relaxado, bem alimentado, esticado em sua poltrona reclinável de vinil diante da televisão. Ainda consigo inclinar a cabeça para trás, fechar os olhos e ouvir o som do auditório rindo, as músicas tema de seus seriados favoritos – *Caravana* e *Rawhide* – tocando.

O seu programa predileto de todos os tempos era *The Red Buttons Show*, dos anos 1950. Todos os episódios começavam com Red cantando: *Ho ho, hee hee... strange things are happening* (ho ho, hee hee... coisas estranhas vêm acontecendo).

Sentei-me com as costas eretas na poltrona ao lado da dele e dirigi-lhe um sorriso fraco, esperando pelo comercial seguinte. Ensaiara a minha fala repetidamente na cabeça, com especial atenção à abertura: *Então, pai, lembra a Ideia Maluca que tive em Stanford...?*

Tinha sido em uma das minhas últimas matérias, um seminário sobre empreendedorismo. Eu fizera uma pesquisa sobre calçados, e a tarefa passou de um dever como outro qualquer a uma completa obsessão. Por ser corredor, eu conhecia alguma coisa sobre tênis de corrida. Como entusiasta dos negócios, eu sabia que as câmeras japonesas tinham invadido o mercado, antes dominado pelos alemães.

Assim, defendi em meu trabalho que o mesmo poderia acontecer com os tênis de corrida japoneses. A ideia me interessou, depois me inspirou e, em seguida, me cativou. Parecia tão óbvio, tão simples, tão potencialmente importante.

Passei semanas e semanas dedicando-me a esse trabalho. Praticamente me mudei para a biblioteca, devorando tudo o que conseguia encontrar sobre importação e exportação, sobre como abrir uma empresa. Por fim, como exigido, fiz uma apresentação formal do trabalho aos meus colegas de sala, que reagiram com tédio formal. Ninguém perguntou nada. Todos receberam a minha paixão e a minha intensidade com suspiros profundos e olhares vazios.

O professor considerou que a minha Ideia Maluca tinha seus méritos e me deu nota "A". Mas só isso. Pelo menos, era para ser isso. Nunca deixei de pensar naquele trabalho. No restante do meu tempo em Stanford, em cada corrida matinal até aquela hora diante da TV, pensava em ir para o Japão, encontrar uma fábrica de tênis e vender para eles a minha Ideia Maluca, na esperança de que reagissem com mais entusiasmo que os meus colegas de sala, de que quisessem formar uma sociedade com esse garoto tímido, pálido e magrela do sonolento Oregon.

Também brinquei com a ideia de fazer uma turnê exótica a caminho do Japão. *Como eu poderia deixar a minha marca no mundo*, pensei, *sem antes sair para vê-lo?* Antes de competir em uma corrida importante, é sempre bom andar pela pista. Uma volta ao mundo poderia servir para isso. Eu queria visitar os mais belos e maravilhosos lugares do planeta.

E os mais sagrados. Claro que eu queria experimentar novos sabores, ouvir outras línguas, mergulhar em outras culturas, mas o que eu mais ansiava era a "Conexão" com "C" maiúsculo. Eu queria ter a experiência do que os chineses chamam de Tao, os gregos de Logos, os hindus de Jnana, os budistas de Dharma. O que os cristãos chamam de Espírito. Antes de me lançar na viagem da minha vida pessoal, pensei que, primeiro, seria melhor entender a grande viagem da humanidade. Explorar os grandes templos, igrejas e santuários. Os mais sagrados rios e cumes de montanhas. Sentir a presença de... Deus?

"Sim", disse a mim mesmo. "Por falta de uma palavra melhor, Deus."

Mas, primeiro, eu precisaria da aprovação do meu pai. Mais que isso: precisaria do dinheiro dele.

No ano anterior, eu já mencionara a vontade de fazer uma grande viagem e meu pai parecera receptivo à ideia. Mas, por certo, já se esquecera. E, evidentemente, eu estaria forçando a barra ao acrescentar à proposta original essa Ideia Maluca, esse ultrajante desvio – para o Japão? Para abrir uma empresa? Isso, sim, é um projeto inútil.

Por certo, ele acharia que eu estava indo longe demais.

E gastando demais para isso.

Eu tinha algumas economias dos tempos do exército e dos vários empregos de meio período que tivera nos últimos verões. Além disso, planejava vender meu carro, um MG 1960 vinho-escuro com pneus de corrida e motor com comando duplo de cabeçote. Tudo junto somava mil e quinhentos dólares, fazendo com que me faltassem mil. Eu contava isso ao meu pai e ele assentia, fazendo *hum-hum* e desviando os olhos da TV para mim e de volta ao aparelho enquanto eu explicava tudo.

Lembra de quando conversamos, pai, e eu falei que queria conhecer o mundo?

O Himalaia? As pirâmides?

O Mar Morto, pai? O Mar *Morto*?

Sabe, é que eu estava pensando em parar no Japão, pai. Lembra da minha Ideia Maluca? Dos tênis de corrida japoneses? Lembra? Pode ser algo grande, pai. Imenso.

Eu falava rápido, vestindo uma carapaça, uma bem dura, porque sempre detestei vender coisas e porque essa venda, especificamente, tinha chances zero de sair do papel. Meu pai acabara de gastar centenas de dólares com a Universidade do Oregon e outros milhares com Stanford. Ele era editor do *Oregon Journal*, um emprego sólido que pagava todos os confortos básicos, inclusive aquela espaçosa casa branca na rua Claybourne, em Eastmoreland, um dos bairros tranquilos de Portland. Mas o homem não fabricava dinheiro.

E também estávamos em 1962. A Terra era maior naquela época. Embora os humanos estivessem começando a orbitar ao redor do planeta em cápsulas, noventa por cento dos americanos ainda não tinham viajado de avião. O cidadão comum jamais se aventurava para além de uns cento e cinquenta quilômetros de casa; portanto, a mera menção de uma viagem ao redor do mundo de avião enervaria qualquer pai, ainda mais o meu, cujo predecessor no jornal morrera num acidente aéreo.

Esquecendo um pouco a questão financeira, a questão da segurança, a coisa toda era simplesmente impraticável. Eu sabia que vinte e seis dentre vinte e sete novas empresas faliam, e o meu pai também sabia disso, e a ideia de assumir um risco tão colossal ia contra tudo em que ele acreditava. De muitos modos, meu pai era um membro convencional da Igreja Episcopal, um crente em Jesus Cristo. Mas também idolatrava outro tipo de divindade: a respeitabilidade. Ele gostava de ser admirado. Gostava de ficar à vontade em qualquer maré. Dar a volta no mundo por pura diversão, portanto, simplesmente não fazia sentido para ele. Não era algo a ser feito. Certamente, não por filhos respeitáveis de homens respeitáveis. Era algo que os filhos de outras pessoas faziam.

Por causa desses e de mais outra dúzia de motivos, eu esperava que meu pai recebesse o meu plano diante da TV com a testa franzida e uma breve dispensa. *Ha-ha, a Ideia Maluca. Nem pensar, Buck.* (Meu nome é Philip, mas meu pai sempre me chamou de Buck. Na verdade, ele me chamava de Buck mesmo antes de eu nascer. Minha mãe me contou que ele costumava dar uns tapinhas na barriga dela e perguntar: “Como vai o pequeno Buck hoje?”.) Porém, quando parei de falar, quando parei de tentar vender a minha ideia, meu pai inclinou-se para a frente da poltrona de vinil e me lançou um olhar engraçado. E disse que sempre lamentou não ter viajado mais quando era jovem. Disse que uma viagem poderia ser o toque final na minha educação. E disse muitas outras coisas, todas mais concentradas na viagem que na Ideia Maluca, mas eu não pretendia corrigi-lo porque, resumindo, ele estava me dando a sua bênção. E o seu dinheiro.

– Tudo bem – ele disse. – Tudo bem, Buck.

Agradeci ao meu pai e fugi do cantinho da televisão antes que ele tivesse a oportunidade de mudar de ideia. Só mais tarde é que fui perceber, com uma pontada de culpa, que o fato de meu pai não ter viajado era o motivo maior, talvez o principal, de eu querer viajar. Essa viagem, essa Ideia Maluca, seria a única maneira garantida de eu me tornar alguém diferente dele. Alguém menos respeitável.

Ou, talvez, não menos respeitável, mas apenas alguém menos obcecado com a respeitabilidade.

O restante da família não apoiou tanto assim. Quando minha avó ficou sabendo do itinerário, um item em especial a chocou.

– Japão! – ela exclamou. – Mas por que, Buck? E Pearl Harbor?

Eu amava a mãe da minha mãe, a quem chamava de Vó Hatfield, e entendia o medo dela. O Japão era o lugar mais distante a que poderíamos ir de Roseburg, no Oregon, a cidadezinha rural onde ela nascera e na qual passara a vida. Eu passei muitos verões lá com ela e com o Vô Hatfield. Quase toda noite nos sentávamos na varanda, ouvindo o coaxar dos sapos competindo com o som do rádio.

Minhas irmãs gêmeas, Jeanne e Joanne, quatro anos mais novas que eu, não pareciam se importar para onde eu iria e o que faria lá.

Quanto à minha mãe, se bem me lembro, ela nada disse. Raramente dizia. Dessa vez, porém, havia algo diferente no silêncio dela. Algo que equivalia a consentimento. Orgulho até.

Passei semanas lendo, planejando e me preparando para a minha viagem. Fiz longas corridas, refletindo sobre cada detalhe enquanto corria contra os gansos selvagens que voavam acima de mim, em formações em v. Li em algum lugar que os gansos que ficam na parte de trás da formação, navegando no vácuo, esforçam-se oitenta por cento menos do que os líderes que vão à frente. Todo corredor entende isso. Os corredores dianteiros sempre se esforçam mais. E se arriscam mais.

Muito antes de abordar meu pai, eu decidira que seria bom ter um companheiro de viagem, e esse companheiro seria o Carter, meu colega de sala de Stanford. Embora tivesse sido uma estrela no time de basquete da William Jewell College, Carter não era o típico atleta metido. Ele usava óculos grossos e lia livros. Livros bons. Era fácil conversar com ele, e também era fácil não conversar – qualidades igualmente importantes num amigo. E essenciais num companheiro de viagem.

Mas Carter gargalhou na minha cara. Quando relacionei os lugares que queria conhecer – Havaí, Tóquio, Hong Kong, Rangum, Calcutá, Bombaim, Katmandu, Cairo, Istambul, Atenas, Jordânia, Jerusalém, Nairóbi, Roma, Paris, Viena, Berlim Ocidental, Berlim Oriental, Munique, Londres –, ele jogou o peso do corpo para trás e gargalhou. Mortificado, baixei o olhar e comecei a desculpar-me. Mas então Carter, ainda rindo, disse:

– Que ideia genial, Buck!

Ergui os olhos. Ele não estava rindo de mim. Ria de alegria, de prazer. Estava impressionado. Era preciso ousadia para montar um itinerário como aquele, dissera ele. Coragem. Ele queria ir.

Dias mais tarde, ele recebeu a aprovação da família, além de um empréstimo de seu pai. Carter nunca vacilava. Se visse uma oportunidade, aproveitava – esse era o Carter. Disse a mim mesmo que havia muito o que aprender com um cara como ele enquanto circundávamos o mundo.

Levamos uma mala e uma mochila cada um. "Apenas itens de necessidade básica", prometemos um ao outro. Algumas calças jeans e camisetas, tênis de corrida, botas de caminhada, óculos de sol e um par de calças cáqui.

Também levei um terno bom. Um verde, de dois botões, da Brooks Brothers.

Só para o caso de a Ideia Maluca ter um bom resultado.

7 de setembro, 1962. Carter e eu nos enfiamos em seu surrado Chevy e descemos a I-5 em alta velocidade através do Vale Willamette, saindo pelo sul arborizado do Oregon, sentindo como se estivéssemos submergindo das raízes de uma árvore. Aceleramos pela Califórnia coberta por pinheiros, subindo e transpondo caminhos verdejantes de montanhas, descendo e descendo, até que, bem depois da meia-noite, chegamos à nebulosa São Francisco. Ficamos uns dias com alguns amigos, dormindo no chão, depois fomos a Stanford e pegamos alguns pertences de Carter que estavam guardados num depósito. Por fim, compramos duas passagens com desconto na Standard Airlines para Honolulu. Passagem só de ida, oitenta dólares.

Tivemos a impressão de que poucos minutos haviam se passado até aterrissarmos na pista de pouso do aeroporto de Oahu. Carter e eu viramo-nos e olhamos para o céu, pensando: *Este céu não é o mesmo que o lá de casa.*

Pegamos um táxi para a praia de Waikiki e nos registramos num hotelzinho simples do outro lado da rua, de frente para o mar. Largamos as malas lá sem demora e vestimos os calções de banho. O último a chegar é a mulher do padre!

Quando meus pés pisaram na areia, eu urrei e gargalhei e chutei os tênis para longe, depois corri direto para as ondas. Não parei até a espuma bater no pescoço. Mergulhei para o fundo, bem no fundo, e depois ressurgi arquejando, gargalhando e rolei de costas. Depois de um tempo, cambaleei até a praia e me larguei na areia. Eu devia parecer um lunático fugido do hospício. Carter, já sentado ao meu lado, também trazia a mesma expressão abobalhada no rosto.

– Deveríamos ficar por aqui – eu disse. – Por que ter pressa pra ir embora?

– Mas e "O Plano"? – Carter perguntou. – Aquele de dar a volta ao mundo?

– Planos mudam.

Carter abriu um amplo sorriso.

– Que ideia genial, Buck.

Então, conseguimos emprego. Fomos vender enciclopédias de porta em porta. Nada glamoroso, claro, mas quem se importava? Só começávamos a trabalhar depois das sete da noite, o que nos dava bastante tempo para surfar. De repente, nada era mais importante do que aprender a surfar. Depois de algumas poucas tentativas, consegui ficar em pé na prancha, e depois de algumas semanas, eu já surfava bem. Bem mesmo.

Empregados, saímos do hotel e alugamos um apartamento. Um estúdio mobiliado com duas camas: uma de verdade e outra improvisada, uma espécie de tábua de passar roupas que se desdobrava da parede. Carter, sendo mais alto e mais pesado, ganhou a cama de verdade, e eu fiquei com a tábua de passar. Não me importei. Depois de um dia inteiro surfando e vendendo enciclopédias, eu poderia dormir num buraco feito para a fogueira de um luau. O aluguel, que dividíamos pela metade, era de cem dólares por mês.

A vida era uma maravilha. A vida era o paraíso. A não ser por uma coisa: eu não conseguia vender enciclopédias.

Não conseguia vender enciclopédias nem que a minha vida dependesse disso. Quanto mais velho eu ficava, parecia que mais tímido eu me tornava, e meu extremo desconforto costumava deixar desconhecidos bem pouco à vontade. Portanto, vender qualquer coisa já seria um desafio, mas vender enciclopédias, que eram tão populares no Havaí quanto mosquitos e habitantes do continente, era uma provação. Pouco importava se eu repetisse com habilidade ou forçadamente os argumentos que nos ensinaram em nosso breve treinamento – *Rapazes, digam às pessoas que vocês não estão vendendo enciclopédias; vocês estão vendendo um Vasto Compêndio do Conhecimento Humano… As respostas para as Questões da Vida!* –; a resposta era sempre a mesma: "Cai fora, rapaz".

Se a minha timidez me tornava ruim para vender enciclopédias, a minha natureza me fez desprezar o ofício. Eu não fora feito para receber altas doses de rejeição. Sabia disso desde o ensino médio, no primeiro ano, quando fui cortado do time de beisebol. Um pequeno contratempo, normal na vida de qualquer pessoa, mas que mesmo assim me derrubou. Foi a primeira vez que percebi de fato que nem todos no mundo gostarão de nós ou nos aceitarão, e que muitas vezes seremos deixados de lado no momento em que mais precisarmos ser incluídos.

Nunca vou me esquecer daquele dia. Arrastando o taco pela calçada, voltei para casa e me enfiei no quarto, onde sofri e me martirizei por umas duas semanas, até que a minha mãe apareceu na ponta da minha cama, dizendo:

– Já chega, tente fazer algo diferente.

– Como o quê? – grunhi contra o travesseiro.

– Que tal corrida? – ela sugeriu.

– Corrida?

– Você corre rápido, Buck.

– Corro? – perguntei, me levantando.

Por isso fui correr. E descobri que eu *sabia* correr. E ninguém poderia tirar isso de mim.

Então, desisti de vender enciclopédias e de toda aquela sensação de rejeição que vinha junto e me concentrei nos anúncios de empregos. Não demorou e vi um anúncio pequeno dentro de um quadrado de borda grossa no jornal. PRECISA-SE: VENDEDOR DE VALORES MOBILIÁRIOS. Imaginei que teria mais sorte do que vendendo ações.

Afinal, eu tinha um MBA. E antes de sair de casa eu passara por uma entrevista muito bem-sucedida na corretora de Dean Witter.

Fiz algumas pesquisas e descobri que o emprego tinha duas vantagens: primeira, era com a Investors Overseas Services, liderada por Bernard Cornfeld, um dos homens de negócios mais importantes dos anos 1960; segunda, a empresa ficava no andar mais alto de uma bela torre com vista para a praia. Janelas de sete metros de frente para um mar azul-turquesa. As duas coisas me atraíram e me fizeram dar o melhor de mim na entrevista. De alguma forma, depois de semanas incapaz de persuadir alguém a comprar uma enciclopédia, convenci o Time Cornfeld a me dar uma chance.

O sucesso extraordinário de Cornfeld, além da vista de tirar o fôlego, permitiu que, quase na maioria dos dias, eu me esquecesse de que a empresa não passava de uma caldeira cheia de pressão. Cornfeld era conhecido por perguntar aos funcionários se eles *sinceramente* desejavam ser ricos. E todos os dias uma dúzia de jovens vorazes demonstrava que, sim, eles queriam ser ricos, *sinceramente.* Com ferocidade, com naturalidade, eles se agarravam ao telefone, ligavam para potenciais clientes, buscando desesperadamente marcar reuniões pessoais. Eu não era um conversador persuasivo. Nem sequer era um tipo de muita conversa. Ainda assim, eu conhecia os números, conhecia os produtos: Fundos Dreyfus. E mais: eu sabia dizer a verdade, e as pessoas pareciam gostar disso. Não demorei muito para marcar algumas reuniões e fechar algumas vendas. Em uma semana, ganhei o suficiente em comissões para pagar a minha metade do aluguel dos seis meses seguintes, com sobra suficiente para a parafina da prancha de surfe.

Meu senso de *carpe diem* se amplificara com as evidências de que o mundo estava para acabar. Um impasse nuclear com os soviéticos vinha crescendo há semanas. Os soviéticos tinham três dúzias de mísseis em Cuba, os Estados Unidos queriam que eles os retirassem de lá e ambos os lados tinham feito suas últimas propostas. As negociações haviam acabado e a Terceira Guerra Mundial estava para acontecer a qualquer momento. De acordo com os jornais, mísseis cairiam do céu naquele mesmo dia. No dia seguinte, no máximo. O mundo era Pompeia, e o vulcão já expelia cinzas. Ah, bem, todos concordavam: quando a humanidade for extinta, aqui é um bom lugar, como outro qualquer, para se assistir às nuvens de cogumelos. *Aloha*, civilização.

Mas, então, surpresa! O mundo foi poupado. A crise passou. O céu pareceu suspirar aliviado quando o ar subitamente ficou mais fresco, mais tranquilo. Um perfeito outono havaiano se seguiu. Dias de alegria e algo muito parecido com bem-aventurança.

Seguidos de uma inquietação muito forte. Certa noite, eu me virei para Carter e disse:

– Acho que está na hora de deixarmos Shangri-La.

Não forcei a barra. Não achei que precisasse. Para mim, estava claro que era hora de voltarmos para O Plano. Mas Carter franziu o cenho e coçou o queixo.

– Puxa, Buck, não sei, não.

Ele conhecera uma garota e queria ficar por lá. Como eu poderia me opor?

Disse a ele que entendia, mas fiquei mal. Fui dar uma caminhada na praia. "Fim de jogo", disse a mim mesmo.

A última coisa que eu queria era fazer as malas e voltar para Oregon, mas eu também não me via viajando pelo mundo sozinho. *Vá para casa*, uma vozinha interna me dizia. *Consiga um emprego normal. Seja uma pessoa normal.*

Mas, em seguida, ouvi outra vozinha, igualmente enfática. *Não, não volte para casa. Siga em frente. Não pare.*

No dia seguinte, pedi demissão e cumpri as duas semanas de aviso-prévio no caldeirão.

– Uma pena, Buck – um dos chefes disse –, você tinha um futuro brilhante como vendedor.

– Deus me livre – eu disse baixinho.

Naquela tarde, em uma agência de viagens no fim do quarteirão, comprei uma passagem aberta de avião, válida por um ano em qualquer companhia aérea para qualquer lugar. Uma espécie de Passe Eurail[1] no céu. No Dia de Ação de Graças de 1962, peguei a mochila e me despedi de Carter com um aperto de mão.

O piloto se dirigiu aos passageiros num japonês veloz e eu comecei a suar. Olhei pela janela, para o círculo ardente e vermelho na asa. A minha ideia seria maluca? Talvez eu fosse, *de fato*, maluco.

Mas, se fosse, já era tarde para procurar ajuda médica. O avião acelerava na pista, com o motor rugindo acima das areias das praias havaianas. Olhei para os vulcões abaixo, ficando cada vez menores. Não havia volta.

Era Dia de Ação de Graças, e a refeição a bordo era peru, farofa e molho de frutas vermelhas. Como nosso destino era o Japão, também havia atum cru e sopa missô. Comi tudo enquanto lia os livros que havia enfiado na mochila. *O apanhador no campo de centeio* e *Almoço nu*. Eu me identificava com Holden Caulfield, o adolescente introvertido à procura do seu lugar no mundo, mas Burroughs era difícil de entender. *O vendedor de drogas não vende o seu produto ao consumidor; ele vende o consumidor ao seu produto.*

Complexo demais para mim. Acabei adormecendo. Quando acordei, estávamos no meio da aterrissagem. Abaixo de nós, uma Tóquio surpreendentemente iluminada. O bairro de Ginza, em especial, era como uma árvore de Natal.

No entanto, no caminho de carro para o hotel, estava tudo escuro. Vastas seções da cidade na mais absoluta escuridão.

– A guerra – explicou o motorista de táxi. – Muitos prédios bombardeados. – Por minutos solenes e demorados, nem o motorista nem eu dissemos nada. Não havia nada a dizer.

1 Bilhete que permite viagens flexíveis de trem pela Europa. (N. T.)

Por fim, o motorista parou no endereço escrito no meu caderno. Um albergue arruinado. Mais que arruinado. Havia feito a reserva pela American Express, sem ter visto nada. Um erro, percebi então. Atravessei a calçada esburacada e entrei num prédio que parecia prestes a implodir.

Uma senhora japonesa atrás do balcão da recepção curvou-se para mim. Depois percebi que não estava se curvando, mas que era encurvada por causa da idade, tal qual uma árvore sobrevivente de muitas tempestades. Devagar, ela me conduziu ao meu quarto, que mais parecia um caixote. Colchão de tatame, mesa meio caída de lado e nada mais. Não liguei. Mal notei que o tatame era fino como um biscoito folhado. Curvei-me para a senhora encurvada, dando-lhe boa-noite. *Oyasumi nasai*. Enrolei-me no colchão e dormi.

Horas mais tarde, despertei num quarto inundado de luz. Rastejei até a janela. Pelo visto, eu estava em uma espécie de zona industrial na periferia da cidade, cheia de docas e fábricas. Para todo lugar que eu olhasse havia desolação. Prédios rachados ou quebrados. Quarteirões derrubados. Destruídos.

Felizmente, meu pai tinha conhecidos em Tóquio, inclusive um grupo de americanos que trabalhava para a United Press International.[2] Peguei um táxi para lá e fui recebido como alguém da família. Ofereceram-me café com bolachas, e quando lhes contei onde passara a noite, deram risada. Fizeram uma reserva para mim num hotel limpo e decente, e depois anotaram os nomes de diversos lugares bons para eu comer.

– Mas o que, em nome de Deus, você veio fazer em Tóquio?

Expliquei que estava dando a volta no mundo e, depois, mencionei a minha Ideia Maluca.

---

2 A United Press International é uma agência de notícias internacional, fundada em 1907, com sede nos Estados Unidos da América. Foi pioneira em muitas áreas na cobertura e na distribuição de notícias em todo o mundo. (N. T.)

– Hum – disseram, meio que revirando os olhos.

Mencionaram dois ex-soldados que publicavam uma revista mensal chamada *Importer*.

– Converse com os caras lá da *Importer* antes de tomar qualquer decisão precipitada – disseram.

Prometi que falaria com eles. Mas, antes, queria conhecer a cidade.

Com um guia de turismo e uma câmera Minolta na mão, procurei os poucos marcos que sobreviveram à guerra, como os templos e os santuários mais antigos. Passei horas sentado em bancos de jardins fechados, lendo sobre as principais religiões no Japão – Budismo e Xintoísmo. Admirei-me com o conceito de *kensho*, ou *satori* – a iluminação que surge de repente, num estouro brilhante. Mais ou menos como o *flash* da minha Minolta. Gostei disso. Eu queria isso.

Mas, antes, eu precisava mudar a minha abordagem. Eu era um pensador linear e, de acordo com o Zen, o pensamento linear não passa de ilusão, uma de muitas para nos tornar infelizes. A realidade não é linear, dizia o Zen. Nenhum futuro, nenhum passado. Tudo é agora.

Parecia que em cada religião o "eu" era o obstáculo, o inimigo. Todavia, o Zen declara abertamente que o "eu" não existe. O "eu" é uma miragem, um sonho febril, e a nossa crença obstinada na sua realidade não só desperdiça vida, mas a encurta. O "eu" é uma mentira descarada que contamos a nós mesmos diariamente e a felicidade exige que a vejamos como mentira, desmascarando-a. *Estudar o 'eu'*, disse Dōgen, mestre Zen do século XIII, *é esquecer-se do 'eu'*. Vozes internas, vozes externas, é tudo o mesmo. Não há linhas divisórias.

Ainda mais nas competições. A vitória, diz o Zen, chega quando nos esquecemos do "eu" e do oponente, que são as duas metades de um inteiro. Em *A arte cavalheiresca do arqueiro Zen*, tudo é explicado com impressionante clareza. "A perfeição na arte da espada é alcançada [...] quando o coração não se incomoda mais com pensamentos de 'eu' e de você, do oponente e da sua espada, da própria espada e de como ela é manuseada [...] Tudo é um vazio: o seu próprio 'eu', a espada em movimento e os braços que a empunham. Até mesmo o pensamento do vazio já não está mais lá".

Com a cabeça meio tonta, resolvi fazer uma pausa e visitar um marco nada Zen da cidade; na verdade, o lugar mais antizen no Japão, um enclave onde os homens se concentram no "eu" e em nada além do "eu": a Bolsa de Valores de Tóquio, ou Tosho. Localizada num prédio de mármore romanesco com grandes colunas gregas, a Bolsa parecia, do lado oposto da rua, um banco enfadonho no Kansas. Lá dentro, porém, tudo era um tumulto só. Centenas de homens agitando os braços, puxando os cabelos, gritando. Uma versão mais depravada da caldeira de Cornfeld.

Não consegui desviar os olhos. Observei e observei, perguntando a mim mesmo: "Tudo se resume a isso mesmo? Sério?". Eu gostava de dinheiro assim como qualquer pessoa normal, mas eu queria que a minha vida fosse mais do que apenas aquilo.

Depois da visita à Tosho, eu precisava de paz. Entrei nas profundezas silenciosas da cidade, no jardim do imperador do século XIX Meiji e de sua imperatriz, um espaço que acreditam possuir um imenso poder espiritual. Sentei-me contemplativo, reverente, debaixo dos *ginkgos*, ao lado de um lindo portão *torii*. Li no meu guia que um portão *torii* costuma ser um portal para lugares sagrados, e com isso eu me aqueci ao Sol, tentando absorver tudo aquilo.

Na manhã seguinte, calcei meus tênis de corrida e corri até Tsukiji, o maior mercado de peixes do mundo. Foi uma repetição da Tosho, mas com camarão, em vez de ações. Assisti aos pescadores anciãos espalhando a pesca em carretas de madeira e regateando com mercadores de cara amarrada. Naquela noite, peguei um ônibus para a região dos lagos, ao norte das Montanhas Hakone, uma área que inspirou muitos poetas Zen. *Não se pode trilhar o caminho até se tornar o próprio caminho,* disse Buda, e eu fiquei maravilhado diante de um caminho sinuoso que partia dos lagos espelhados até o Fuji cercado de nuvens, um perfeito triângulo coberto de neve que, para mim, era exatamente como o Monte Hood lá perto de casa. Os japoneses acreditam que subir o Fuji seja uma experiência mística, um ato ritualístico de celebração, e eu me vi tomado pelo desejo de escalá-lo naquele mesmo instante. Eu queria subir até as nuvens, mas decidi esperar. Voltaria quando tivesse algo para comemorar.

Voltei a Tóquio e fui à revista *Importer*. Os dois ex-soldados no comando – musculosos, de pescoço grosso, e muito atarefados – olharam para mim como se fossem capazes de me morder por eu me intrometer e fazê-los perder tempo. Em questão de minutos, porém, a aparência durona deles amoleceu e se mostraram acolhedores, amigáveis e felizes por encontrar um conterrâneo. Conversamos em grande parte sobre esportes: "Dá para acreditar que os Yankees venceram de novo? E aquele Willie Mays? Não há ninguém melhor. Não senhor, não há".

Em seguida, me contaram a história deles.

Eram os primeiros americanos que conheci que gostavam do Japão. Alojados ali durante a Ocupação, encantaram-se pela cultura e, quando seu tempo no serviço militar acabou, simplesmente não conseguiram ir embora. Então, lançaram uma revista de importação, numa época em que ninguém estava interessado em importar nenhum artigo japonês, e mesmo assim, há dezessete anos, mantinham as portas abertas.

Contei-lhes sobre a minha Ideia Maluca e eles ouviram com interesse. Fizeram café e me convidaram para sentar. Perguntaram se havia algum tênis específico que eu pensava em importar e respondi que gostava do Tiger, uma marca elegante fabricada pela Onitsuka Co., em Kobe, a maior cidade no sul do Japão.

– Sim, sim, já conhecemos – eles disseram.

Contei-lhes que estava pensando em ir até lá, para me encontrar com o pessoal da Onitsuka pessoalmente.

Disseram-me que, nesse caso, o melhor seria aprender algumas coisas sobre como fazer negócios com os japoneses.

– O segredo – disse um deles – é não forçar a barra. Não chegue lá como o típico americano, o típico *gaijin*: rude, falando alto, agressivo, sem aceitar um "não" como resposta. Os japoneses não reagem bem a gente assim. As negociações aqui tendem a ser mais suaves. É uma cultura indireta. Ninguém nunca o rejeita de pronto, mas também não o aceita de cara. Eles falam em círculos, as sentenças não têm um sujeito ou um objeto claro. Não desanime, mas não seja arrogante. Você pode sair do escritório de um japonês acreditando que perdeu, quando, na verdade, ele está pronto para fechar o negócio. Você pode sair achando que fechou o negócio, quando, na verdade, você acabou de ser rejeitado. *Nunca se sabe* – enfatizou.

Fiquei confuso. Na melhor das situações, eu não era um grande negociador. E agora? Eu teria de negociar nessa espécie de casa maluca com salas de espelhos, onde as regras normais não eram aplicáveis?

Depois de uma hora de um tutorial desconcertante, nos despedimos com apertos de mão. Sentindo, de repente, que não poderia mais esperar, quis agir enquanto as palavras deles ainda estavam frescas na minha mente. Corri de volta ao hotel, joguei tudo dentro da maleta e da mochila e liguei para a Onitsuka, para agendar um horário.

Naquela mesma tarde, embarquei num trem para o Sul.

O Japão era conhecido pela sua ordem impecável e pela sua extrema limpeza. A literatura japonesa, a filosofia, o vestuário, a vida doméstica – tudo era maravilhosamente puro e frugal. Minimalista. "Não espere nada, não busque nada, não se prenda a nada" – os imortais poetas japoneses escreveram versos que pareciam lustrados e polidos até brilharem como a lâmina da espada de um samurai ou as pedras de um córrego nas montanhas.

"Então, por que", me perguntei, "aquele trem para Kobe estava tão sujo?"

O piso estava coberto de jornais e de bitucas de cigarro. Os bancos estavam forrados de cascas de laranja e mais jornais descartados. Pior, todos os vagões estavam cheios. Mal havia espaço para ficar em pé.

Encontrei um apoio junto a uma janela e fiquei pendurado por sete horas num trem sacolejante que passava devagar pelos vilarejos mais remotos, por propriedades rurais menores que um quintal normal de uma casa de Portland. A viagem foi longa, mas nem minhas pernas nem minha paciência desistiram. Eu estava ocupado demais repassando aquele tutorial na minha cabeça.

Quando cheguei, ocupei um quartinho num *ryokan* barato. Meu horário na Onitsuka era logo cedo, na manhã seguinte, por isso me deitei de imediato no tatame. Mas eu estava agitado demais para dormir. Virei-me e revirei-me no colchão durante boa parte da noite. Ao amanhecer, levantei-me cansado e fitei meu reflexo magro e embaçado no espelho. Depois de me barbear, vesti o terno verde da Brooks Brothers e fiz um discurso encorajador para mim mesmo:

Você é capaz. Você é confiante. Você pode fazer isso.

Você pode FAZER *isso.*

E depois fui parar no lugar errado.

Apareci no salão de exposições da Onitsuka quando, na verdade, eu era esperado na *fábrica* da Onitsuka – do outro lado da cidade. Peguei um táxi e corri dali, frenético, chegando meia hora atrasado. Imperturbável, um grupo de quatro executivos me recebeu no saguão. Curvaram-se. Eu me curvei. Um deu um passo à frente. Disse que seu nome era Ken Miyazaki e que desejava me levar para conhecer a fábrica.

Foi a primeira fábrica de calçados que conheci. Achei tudo muito interessante. Até musical. Toda vez que um tênis era moldado, a forma de metal caía no chão com um tinido, um CLING-*clong* melodioso. A cada poucos segundos, CLING-*clong*, CLING-*clong*, o concerto de um sapateiro. Os executivos também pareciam apreciar. Eles sorriam para mim e entre si.

Passamos pelo departamento de contabilidade. Todos na sala, homens e mulheres, levantaram das cadeiras e, juntos, se curvaram, um gesto de *kei*, de respeito ao magnata, ou *tycoon*, americano. Já tinha lido que *tycoon*, magnata em inglês, vinha de *taikun*, "senhor da guerra", em japonês. Eu não sabia como reagir ao *kei* deles; curvar-se ou não era sempre uma incógnita no Japão. Lancei um meio sorriso fraco, dei uma meia curvada e segui em frente.

Os executivos me disseram que produziam quinze mil pares de tênis por mês.

– Impressionante – comentei, sem saber se isso era muito ou pouco.

Levaram-me à sala de reuniões e apontaram para uma cadeira à cabeceira de uma longa mesa oval.

– Senhor Knight – alguém disse. – *Aqui.*

Lugar de honra. Mais *kei*. Sentaram-se ao redor da mesa, endireitaram as gravatas e olharam para mim. Chegara o momento da verdade.

Eu tinha ensaiado essa cena na cabeça muitas vezes, assim como ensaiara cada prova que já havia corrido muito antes do tiro de largada. Agora, porém, percebia que aquilo não era uma corrida. Existe essa urgência primitiva de comparar tudo – a vida, os negócios, todos os tipos de aventura – a uma corrida, mas a metáfora é muitas vezes inadequada. Ela só é válida até certo ponto.

Incapaz de me lembrar do que queria dizer, ou até do motivo que me levara até ali, respirei fundo várias vezes. Tudo dependia de eu estar à altura da situação. Tudo. Se não estivesse, se fracassasse, estaria fadado a passar o resto dos meus dias vendendo enciclopédias, ou fundos mútuos, ou alguma outra coisa com a qual eu não me importaria de verdade. Eu seria uma decepção para os meus pais, para a minha escola, para a minha cidade natal. Para mim mesmo.

Olhei para os rostos ao redor da mesa. Em todas as vezes em que imaginara aquela cena, eu havia omitido um elemento crucial: esqueci-me de prever quanto a Segunda Guerra Mundial ainda estaria presente naquela sala. A guerra estava logo *ali*, ao nosso lado, entre nós, anexando um subtexto a cada palavra que disséssemos.

No entanto, *não* estava ali. Os japoneses haviam deixado a guerra para trás. Além disso, os executivos naquela sala eram jovens, como eu, e dava para perceber que a guerra não tinha nada a ver com eles.

Por um lado, o passado era passado.

Por outro, toda aquela questão de Ganhar ou Perder, que anuvia e complica tantos acordos, ficava ainda mais complicada quando os vencedores e os perdedores potenciais estiveram recentemente envolvidos, ainda que por representantes e ancestrais, numa conflagração mundial.

Toda essa estática interior, essa confusão sobre guerra e paz, criou um zunido baixo dentro da minha cabeça, um desconforto para o qual eu não estava preparado. O realista em mim queria reconhecê-lo, o idealista em mim queria deixá-lo de lado. Dei uma pequena tossida.

– Senhores – comecei dizendo.

O senhor Miyazaki me interrompeu.

– Senhor Knight, que empresa o senhor representa? – ele perguntou.

– Ah, sim, boa pergunta.

Com a adrenalina percorrendo meu corpo, senti a reação de fugir, de sair correndo para me esconder, o que me levou a pensar no lugar mais seguro do mundo: a casa dos meus pais. A casa fora construída décadas antes, por pessoas com muito mais dinheiro que os meus pais; portanto, os arquitetos incluíram quartos para empregados nos fundos da casa, e era lá que ficava o meu quarto, que eu enchera de *cards* de beisebol, discos de música, pôsteres, livros. Também cobri uma parede com as fitas azuis, ou *blue ribbons*, recebidas nas corridas, a única coisa na minha vida da qual eu não me envergonhava de me orgulhar. E então?

– Blue Ribbon – disse apressado. – Senhores, eu represento a Blue Ribbon Sports de Portland, no Oregon.

O senhor Miyazaki sorriu. Os outros executivos sorriram. Um murmúrio percorreu a mesa. *Blueribbon, blueribbon, blueribbon.* Os executivos cruzaram as mãos e se calaram de novo, voltando a olhar para mim.

– Bem – comecei. – Senhores, o mercado americano de calçados é enorme. E inexplorado. Se a Onitsuka conseguir penetrar nesse mercado, se a Onitsuka conseguir levar os seus Tiger para as lojas americanas e se o preço deles for menor que o dos Adidas, que é o tênis que a maioria dos atletas americanos usa hoje em dia, este poderia ser um empreendimento muito lucrativo.

Eu simplesmente repetia a minha apresentação de Stanford, literalmente, dizendo as frases e os números que passara semanas e semanas ensaiando e decorando, o que me ajudou a criar a ilusão de eloquência. Vi que os executivos estavam impressionados. Porém, quando cheguei ao fim da apresentação, houve apenas um silêncio ensurdecedor. Daí, um homem quebrou o silêncio, e depois mais um, e então todos falavam uns por cima dos outros, com vozes animadas. Não comigo, mas uns para os outros.

De repente, todos se levantaram e saíram.

Seria esse o modo costumeiro de os japoneses rejeitarem uma Ideia Maluca? Levantar ao mesmo tempo e sair? Será que desperdicei meu *kei* assim, desse jeito? Fui dispensado? O que deveria fazer? Deveria ir embora?

Depois de alguns minutos, eles retornaram. Carregavam esboços, amostras, que o senhor Miyazaki ajudou a espalhar diante de mim.

– Senhor Knight – disse ele –, já estamos pensando há muito tempo a respeito do mercado americano.

– Verdade?

– Já vendemos calçados para lutas marciais nos Estados Unidos. No, hum... Nordeste? Mas muitas vezes discutimos a possibilidade de levar outras linhas para outros lugares do país.

Mostraram-me três modelos dos Tiger. Um tênis de corrida chamado Limber Up, que significa "aquecer" ou "alongar".

– Muito bom – disse eu.

Um tênis para salto em altura, que eles chamavam de Spring Up, que significa "saltar".

– Lindo – elogiei.

E um tênis para arremesso de disco, que eles chamavam de Throw Up, que tanto pode significar "lançar" quanto "vomitar".

Não ria, disse a mim mesmo. Não... ria.

Cobriram-me de perguntas sobre os Estados Unidos, sobre a cultura americana e as tendências de consumo, sobre os diferentes tipos de calçados disponíveis nas lojas americanas de artigos esportivos. Perguntaram-me o tamanho do mercado americano de calçados e quanto ele poderia crescer, e eu lhes disse que poderia chegar a um bilhão de dólares. Até hoje, não sei de onde surgiu esse número. Eles se recostaram nas cadeiras e se entreolharam, pasmos. Em seguida, para minha perplexidade, começaram a fazer um discurso tentando *vender para mim.*

– Será que a Blue Ribbon estaria... interessada em... representar os tênis Tiger nos Estados Unidos?

– Sim – respondi. – *Sim*, estaria.

Segurei o Limber Up.

– Este é um bom tênis – afirmei. – Este tênis... eu consigo vender. – Pedi que me enviassem amostras de imediato. Dei-lhes meu endereço e prometi enviar-lhes uma ordem de pagamento de cinquenta dólares.

Eles se levantaram. Curvaram-se profundamente. Eu me curvei profundamente. Apertamos as mãos. Curvei-me novamente. Eles se curvaram novamente. Nós todos sorrimos. Éramos sócios. Éramos irmãos. A reunião, que na minha previsão duraria quinze minutos, durou duas horas.

Da Onitsuka fui direto para o escritório da American Express mais próximo e enviei uma carta ao meu pai.

Querido papai, é urgente. Por favor, transfira cinquenta dólares imediatamente para a Onitsuka Co. em Kobe.

Ho ho, hee hee... coisas estranhas vêm acontecendo.

De volta ao hotel, andei em círculos sobre o tatame, tentando me decidir. Parte de mim queria voltar correndo ao Oregon, ficar esperando por aquelas amostras e dar início ao meu novo empreendimento de negócios.

Além disso, eu andava louco com a solidão, afastado de tudo e de todos que eu conhecia. Avistar um *The New York Times* ou uma revista *Times* ocasionalmente me dava um nó na garganta. Eu era um náufrago, uma espécie de Robinson Crusoé moderno. Queria voltar para casa. Naquele instante.

E mesmo assim... Eu ainda sentia a chama da curiosidade em relação ao mundo. Ainda queria ver, explorar.

A curiosidade venceu.

Fui para Hong Kong. Andei pelas ruas loucas e caóticas, aterrorizado ao ver mendigos sem pernas nem braços, velhos ajoelhados na imundície ao lado de órfãos pedintes. Os velhos não diziam nada, mas as crianças tinham um grito repetitivo: *ei, rico; ei, rico; ei, rico*. Em seguida, choravam e estapeavam o chão. Mesmo depois de eu dar todo o dinheiro que tinha nos bolsos, os gritos nunca cessavam.

Fui até os limites da cidade, subi até o topo do Pico Victoria e olhei ao longe para a China. Na faculdade, eu lera as antologias de Confúcio – *O homem que move uma montanha começa carregando pedras pequenas* –, e agora eu sentia que jamais teria a oportunidade de mover aquela montanha em especial. Jamais chegaria mais perto daquela terra murada e mística, e isso me deixou incrivelmente triste. Incompleto.

Fui para as Filipinas. Ali havia toda a loucura e o caos de Hong Kong, e duas vezes a sua pobreza. Como que num pesadelo, andei devagar por Manila, em meio a infindáveis multidões e engarrafamentos impenetráveis.

Fui a Bangcoc. Atravessei pântanos sombrios de bote até um mercado a céu aberto que parecia a versão tailandesa dos retratos de Hieronymus Bosch.[3] Comi aves, frutas e legumes que nunca vira antes, e jamais voltaria a ver. Desviei-me de riquixás, motonetas, *tuk-tuks* e elefantes para chegar a Wat Phra Kaew e a uma das mais sagradas estátuas da Ásia, um enorme Buda de seiscentos anos entalhado numa única peça de jade. Parado diante da sua face tranquila, perguntei-me: *Por que estou aqui? Qual é o meu propósito?*

Esperei.

Nada.

Talvez o silêncio fosse a minha resposta.

Fui ao Vietnã, onde as ruas estavam tomadas por soldados norte-americanos e o medo era latente. Todos sabiam que a guerra se aproximava. Dias antes do Natal de 1962, fui para Calcutá e aluguei um quarto do tamanho de um caixão. Nenhuma cama, nenhuma cadeira; simplesmente não havia espaço suficiente. Apenas uma rede pendurada acima de um buraco borbulhante: a privada. Em poucas horas, adoeci. Provavelmente em decorrência de um vírus no ar ou intoxicação alimentar. Passei um dia inteiro acreditando que não sobreviveria. Sabia que morreria.

Mas, de alguma forma, resisti, me forcei a sair daquela rede, e no dia seguinte andava cambaleante em meio aos milhares de peregrinos e às dúzias de macacos sagrados pelos degraus íngremes do templo Varanasi. Os degraus davam direto nas águas fervilhantes do Ganges. Quando a água bateu na minha cintura, ergui o olhar. Uma miragem? Não, um funeral, acontecendo no meio do rio. Na verdade, havia

3 Pintor holandês que retratava em seus quadros figuras humanas nuas que se misturavam a animais fantásticos, monstros devoradores de corpos e paisagens insólitas. (N. T.)

diversos funerais. Observei os enlutados entrando no rio e depositando seus entes queridos em esquifes altos de madeira, aos quais depois ateavam fogo. A menos de vinte metros de distância, outros se banhavam calmamente. Outros ainda saciavam a sede, bebendo da mesma água.

Os Upanishads dizem: *Conduza-me do irreal ao real.* Por isso fugi do irreal. Voei para Katmandu e caminhei direto até a parede branca do Himalaia. Na descida, parei num movimentado *chowk*, ou mercado, onde devorei uma tigela de carne de búfalo malpassada. Notei que os tibetanos no *chowk* usavam botas de lã vermelha e flanela verde, com bicos de madeira virados para cima, parecidos com os corredores de trenó. De repente, percebi que vinha reparando nos calçados de todo mundo.

Voltei à Índia. Passei o Ano-Novo vagando pelas ruas de Bombaim, desviando-me de bois e vacas de chifres compridos, sentindo o começo de uma enxaqueca épica – o barulho e os cheiros, as cores e o brilho. Fui para o Quênia, e parti numa longa viagem de ônibus até a selva. Avestruzes gigantes tentavam ultrapassar o ônibus, e cegonhas do tamanho de pit bulls flutuavam logo ao lado das janelas. Toda vez que o motorista parava no meio do nada para apanhar alguns guerreiros Masai, um ou dois babuínos tentavam subir a bordo. O motorista e os guerreiros, então, os expulsavam com facões. Antes de descer do ônibus os babuínos sempre relanceavam por cima dos ombros e me olhavam com o orgulho ferido. *Desculpe, meu velho*, eu pensava. *Se dependesse de mim...*

Segui para o Cairo, para o planalto de Gizé. Lá, fiquei ao lado dos nômades e seus camelos cobertos de seda aos pés da Grande Esfinge, todos nós espiando seus olhos eternamente abertos. O Sol castigava minha cabeça, o mesmo Sol que castigara os milhares de homens que construíram aquelas pirâmides e os milhões de visitantes que vieram depois deles. Nenhum deles era lembrado, pensei. *Tudo é vaidade*, diz a bíblia. *Tudo é agora*, diz Zen. *Tudo é poeira*, diz o deserto.

Parti para Jerusalém, para a pedra em que Abraão se dispôs a matar o filho, onde Maomé começou sua ascensão ao paraíso. O Alcorão diz que a pedra queria ir com Maomé e tentou segui-lo, mas ele pressionou o pé contra a pedra e a impediu. Dizem que a pegada dele ainda é visível. Será que Maomé estava descalço ou vestia algum calçado? Comi um almoço horrível numa taverna escura, cercado por trabalhadores com o rosto coberto de fuligem. Todos pareciam exaustos. Mastigavam lenta e absortamente, como zumbis. Por que temos de trabalhar tanto? *Pense nos lírios do campo... eles não trabalham nem fiam.* Mesmo assim, o rabino do século I, Eleazar Ben Azariah, disse que o nosso trabalho é a nossa parte mais sagrada. *Todos temos orgulho do nosso ofício. Deus fala do Seu trabalho; mais deveriam fazer os homens.*

Fui para Istambul. Fiquei acelerado com o café turco, perdi-me nas ruas sinuosas ao lado do Bósforo. Parei para fazer um esboço dos minaretes brilhantes e visitei os labirintos dourados do Palácio Topkapi, lar dos sultões otomanos, onde a espada de Maomé hoje é mantida. *Não vá dormir uma noite*, escreveu Rumi, o poeta persa do século XIII. *O que você mais deseja irá aparecer nessa hora. Aquecido pelo sol internamente, você verá maravilhas.*

Segui para Roma. Passei dias me escondendo em pequenas *trattorias*, comendo montanhas de macarronada, admirando as mais belas mulheres e sapatos que jamais havia visto. (Os romanos, na época de César, acreditavam que calçar o pé direito antes do esquerdo trazia prosperidade e sorte.) Explorei as ruínas cobertas de grama do quarto de Nero, os cascalhos do maravilhoso Coliseu, os vastos corredores e salas do Vaticano. Prevendo multidões, eu sempre chegava ao amanhecer, determinado a ser o primeiro da fila, mas nunca havia filas. A cidade fora tomada por uma histórica onda de frio. Eu a tinha só para mim. Inclusive a Capela Sistina. Ali, sozinho, debaixo do teto de Michelangelo, pude mergulhar na minha descrença. Havia lido no meu guia que Michelangelo fora muito infeliz enquanto pintava sua obra de arte. As costas e o pescoço doíam, e tinta caía constantemente nos cabelos e nos olhos. Dissera aos amigos que não via a hora de acabar com aquilo. Então, pensei que se nem Michelangelo gostava do seu trabalho, que esperança haveria para o resto de nós?

Parti para Florença. Passei dias procurando Dante, lendo Dante, o misantropo exilado e raivoso. Será que a misantropia viera antes – ou depois? Seria a causa ou o efeito da sua raiva e do seu exílio?

Parei diante do Davi de Michelangelo, chocado com a raiva em seus olhos. Golias nunca teve a mínima chance.

Subi até Milão de trem, comunguei com Da Vinci, examinei seus belos cadernos e refleti a respeito das suas obsessões peculiares. Com papel de destaque entre elas, o pé humano. *Obra-prima da engenharia*, declarou ele. *Uma obra de arte.*

Quem era eu para discutir?

Na minha última noite em Milão, assisti a uma ópera no Scala. Deixei arejar o meu Brooks Brothers e vesti-o com orgulho em meio aos *uomini* que apareceram em seus smokings feitos sob medida e as *donne* moldadas em seus vestidos de gala e joias. Todos ouvimos maravilhados *Turandot*. Enquanto Calaf cantava "Nessun dorma" – *Sumam, estrelas! Ao amanhecer, vencerei, vencerei, vencerei!* –, meus olhos marejaram, e quando as cortinas se fecharam, fiquei de pé num salto. *Bravissimo!*

Fui para Veneza, passei alguns dias preguiçosos fazendo os caminhos traçados por Marco Polo, e fiquei parado não sei por quanto tempo diante do palácio de Robert Browning. *Se você tiver apenas beleza e nada mais, você terá recebido a melhor invenção de Deus.*

Meu tempo estava acabando. O lar me chamava de volta. Apressei-me para Paris. Desci ao subsolo do Panteão, apoiei de leve a mão na cripta de Rousseau e também na de Voltaire. *Ame a verdade, mas perdoe o erro.* Hospedei-me em um hotel decadente, observei a chuva invernal caindo no beco abaixo da minha janela, rezei na Notre Dame e me perdi no Louvre. Comprei alguns livros na livraria Shakespeare and Company e fiquei no lugar em que Joyce dormiu, e também F. Scott Fitzgerald. Depois, caminhei lentamente pelas margens do Sena, parando para apreciar um *cappuccino* no bar em que Hemingway e Dos Passos haviam lido o Novo Testamento em voz alta um para o outro. No meu último dia, passeei até a Champs-Élysées, fazendo o caminho dos libertadores, pensando o tempo todo em Patton. *Não diga às pessoas como quer que elas façam as coisas, diga-lhes o que fazer e deixe-as surpreendê-lo com os resultados.*

De todos os grandes generais, ele era o mais obcecado por sapatos. *Um soldado de sapatos é apenas um soldado. Mas, com botas, ele se torna um guerreiro.*

Voei para Munique. Visitei Bürgerbräukeller, onde Hitler disparou uma arma no teto e deu início à serie de eventos que mais tarde levariam à Segunda Guerra Mundial. Tentei visitar Dachau, mas quando pedi informações de como chegar lá, as pessoas desviaram o olhar, alegando não saber. Fui a Berlim e apresentei-me no Checkpoint Charlie. Guardas russos em casacos pesados examinaram meu passaporte, revistaram-me e perguntaram o que eu estava indo fazer em Berlim Oriental.

– Nada em especial – respondi.

Estava aterrorizado que eles, de alguma forma, descobrissem que frequentei Stanford. Pouco antes da minha chegada, dois estudantes de Stanford tentaram tirar um adolescente de lá num Volkswagen. Eles ainda estavam presos.

Mas os guardas me deixaram passar. Andei um pouco e parei na esquina da Marx-Engles-Platz. Olhei ao redor em todas as direções. Nada. Nenhuma árvore, nenhuma loja, nenhuma vida. Pensei em toda a pobreza que vi em cada canto da Ásia. Esse era um tipo diferente de pobreza, mais proposital; de alguma forma, mais evitável. Vi três crianças brincando na rua. Aproximei-me e tirei fotos delas. Dois meninos e uma menina de oito anos. A menina – num chapéu de lã vermelho e casaco cor-de-rosa – sorriu diretamente para mim.

Será que um dia eu a esquecerei? Ou os sapatos dela? Eram feitos de papelão.

Fui para Viena, naquele cruzamento importante, com aroma de café, onde Stalin e Trotsky e Tito e Hitler e Jung e Freud viveram no mesmo momento histórico, todos agrupados nos mesmos cafés esfumaçados, planejando como salvar (ou destruir) o mundo. Andei pelas ruas de paralelepípedos em que Mozart andou, cruzei o gracioso Danúbio na mais bela ponte de pedras que já vi, parei diante das torres grandiosas da Catedral de Santo Estevão, onde Beethoven descobriu que estava surdo. Ele olhou para cima, viu os pássaros alçando voo da torre dos sinos e, horrorizado... não ouviu os sinos tocando.

Por último, voei até Londres. Rapidamente, fui até o Palácio de Buckingham, ao Speakers' Corner no Hyde Park, onde qualquer um pode fazer um discurso, à loja de departamentos Harrod's. Concedi-me um tempo a mais na Câmara dos Comuns. Fechei os olhos, imaginei o grande Churchill. *Você pergunta: qual é o seu propósito? Eu posso responder com apenas uma palavra. E ele é vitória, vitória a todo custo, vitória apesar do terror, vitória... sem vitória, não há sobrevivência.* Eu queria desesperadamente subir num ônibus e ir para Stratford para ver a casa de Shakespeare, mas não tinha mais tempo.

Passei minha última noite repensando a viagem inteira, fazendo anotações em meu diário. Perguntando a mim mesmo qual tinha sido o ponto alto.

Grécia, pensei. *Sem dúvida, a Grécia.*

Quando saí do Oregon, eram duas as coisas que mais animavam no meu itinerário.

Eu queria vender minha Ideia Maluca aos japoneses e queria ficar diante da Acrópole.

Horas antes de embarcar em Heathrow, pensei sobre o momento em que fiquei olhando para aquelas colunas magníficas, vivenciando um impacto estimulante, do tipo que você recebe diante de uma beleza como aquela, mas misturada a uma sensação de... reconhecimento?

Teria sido apenas imaginação? Afinal, eu estava diante do berço da civilização ocidental. Talvez eu só quisesse que aquilo fosse familiar, mas achava que não. Tive um pensamento bem nítido: *Já estive aqui antes.*

Em seguida, ao subir por aqueles degraus alvos, outro pensamento: *É aqui que tudo começa.*

À minha esquerda estava o Partenon, cuja construção Platão testemunhara vendo equipes de arquitetos e operários trabalharem. À minha direita, o Templo de Atena Nike. Vinte e cinco séculos antes, segundo o meu guia de viagem, ele abrigara o belo friso da deusa Atena, considerada a portadora da "nike", ou vitória.

Essa era uma das muitas bênçãos atribuídas a Atena. Ela também recompensava os comerciantes. Em *Oresteia*, ela diz: *Eu admiro [...] os olhos da persuasão.* Ela foi, de certo modo, a santa padroeira dos negociantes.

Não sei por quanto tempo fiquei ali parado, absorvendo a energia e a força daquele célebre palácio. Uma hora? Três? Não sei quanto tempo depois desse dia descobri a peça de Aristófanes, encenada no Templo de Nike, na qual o guerreiro dá ao rei um presente: um par de sapatos novos. Não sei quando descobri que a peça se chamava *Knights* (Os cavaleiros). O que sei é que, ao me virar para ir embora, notei a fachada de mármore do templo. Artesãos gregos a decoraram com diversos entalhes inquietantes, inclusive o mais famoso, no qual a deusa inexplicavelmente se inclina para baixo... para ajustar a tira do seu sapato.

24 de fevereiro de 1963. O dia do meu vigésimo quinto aniversário. Passei pela porta de entrada na rua Claybourne, com os cabelos na altura dos ombros, a barba com uns oito centímetros de comprimento. Minha mãe deu um grito. Minhas irmãs piscaram como se não me reconhecessem ou como se nem tivessem percebido que eu me ausentara por tanto tempo. Abraços, gritos, gargalhadas. Minha

mãe me fez sentar, me serviu café. Ela queria saber de tudo, mas eu estava exausto. Deixei a mala e a mochila no corredor e fui para o meu quarto. Encarei com olhos turvos as fitas azuis. *Senhor Knight, qual o nome da sua empresa?*

Enrosquei-me na cama e o sono chegou.

Uma hora mais tarde, acordei com a minha mãe dizendo:

– Jantar!

Meu pai havia chegado em casa, vindo do trabalho, e me abraçou quando entrei na sala de jantar. Ele também queria ouvir cada detalhe. E eu queria contar.

Mas, primeiro, eu tinha que saber uma coisa:

– Pai, os meus tênis chegaram?

1963

Meu pai convidou a vizinhança toda para uma apresentação especial das "fotos do Buck", com direito a café e bolo. Obedientemente, fiquei ao lado do projetor, saboreando a escuridão, apertando o botão de avançar, sem prestar muita atenção, enquanto descrevia as Pirâmides, o Templo de Nike... Mas eu não estava ali. Estava nas Pirâmides, estava no Templo de Nike. Eu estava pensando nos tênis.

Quatro meses depois da grande reunião na Onitsuka, quando eu entrara em contato com aqueles executivos e os conquistara – ou assim pensei eu –, e os tênis ainda não tinham chegado. Mandei uma carta. *Prezados senhores, em referência à nossa reunião no último outono, gostaria de saber se tiveram a oportunidade de enviar aquelas amostras...?*

Em seguida, tirei alguns dias de folga para dormir, lavar as roupas, encontrar os amigos para saber das novidades.

Recebi uma resposta imediata da Onitsuka. *Tênis chegando*, dizia a carta. *Dentro de mais alguns dias.*

Mostrei a carta ao meu pai, que fez uma careta. Mais alguns dias?

– Buck – ele disse, dando risada –, aqueles cinquenta dólares já eram.

O meu novo visual – cabelo de náufrago e barba de homem das cavernas – era um pouco demais para a minha mãe e as minhas irmãs. Eu as flagrava me encarando, fazendo caretas de reprovação. Conseguia ouvir seus pensamentos: "Vagabundo". Por isso me barbeei.

Depois disso, fiquei de frente ao espelhinho acima da cômoda no meu quarto, na ala dos empregados da casa, e disse para mim mesmo:

– Agora é oficial. Você voltou.

No entanto, ainda não tinha voltado. Algo em mim jamais voltaria.

Minha mãe notou isso antes de todo mundo. Durante o jantar, numa noite qualquer, ela me olhou bem atentamente.

– Você parece mais… cosmopolita.

Cosmopolita, pensei. Caramba.

Até os tênis chegarem, se é que chegariam, eu precisava encontrar algum meio de ganhar dinheiro. Antes da viagem, tivera uma entrevista com Dean Witter. Talvez eu pudesse voltar para lá. Perguntei ao meu pai, enquanto assistíamos TV, e ele, esticando-se em sua poltrona reclinável de vinil, sugeriu que, antes, eu fosse conversar com um velho amigo dele, Don Frisbee, CEO da Pacific Light & Power.

Eu conhecia o senhor Frisbee. Durante a faculdade, trabalhei como estagiário para ele num verão. Gostava dele, e gostava que fosse graduado em Administração pela Harvard. E também me admirava que tivesse se tornado bem rapidamente o CEO de uma empresa com ações negociadas na Bolsa de Valores de Nova York.

Lembro-me de que ele me acolheu bem naquele dia de primavera de 1963. Cumprimentou-me com um daqueles apertos de duas mãos, levou-me ao seu escritório, até uma cadeira diante da mesa dele, e acomodou-se em seu grande trono de couro de espaldar alto, erguendo as sobrancelhas.

– Diga-me… o que tem em mente?

– Francamente, senhor Frisbee, eu não sei o que fazer… a respeito ou… quanto a um trabalho… uma carreira. – Num fio de voz, acrescentei: – Com a minha vida.

Disse que estava pensando em procurar Dean Witter. Ou talvez voltar a trabalhar para a companhia elétrica. Ou, quem sabe ainda, trabalhar para alguma grande corporação. A luz entrando pela janela do escritório do senhor Frisbee se refletiu nas lentes de seus óculos e me acertou nos olhos. Como o Sol do Ganges.

– Phil – disse ele –, todas essas são más ideias.

– Como assim?

– Não acho que deva trabalhar em nenhum desses lugares.

– Poxa…

– Todos, mas todos mesmo, trocam de emprego pelo menos três vezes na vida. Portanto, se você for trabalhar numa empresa de investimentos agora, um dia acabará saindo, e então, no emprego seguinte, terá que recomeçar. O mesmo vale se for trabalhar em alguma grande empresa, filho. Agora, o que você precisa fazer enquanto ainda é jovem, é conseguir o seu CPA.[4] Isso, aliado ao seu MBA, permitirá que você tenha um salário-base. E então, quando mudar de emprego, e isso vai acontecer, pode acreditar em mim, pelo menos manterá o mesmo nível de salário. Não terá que retroceder.

Isso me pareceu bem prático. Com certeza, eu não queria retroceder.

Contudo, não tinha estudado contabilidade. Eu precisava de mais nove horas para apenas me qualificar a fazer o exame. Então, rapidamente, me inscrevi em três aulas de contabilidade na Universidade Estadual de Portland.

– Mais estudos? – meu pai resmungou.

Pior, a universidade em questão não era Stanford nem a do Oregon. Era a pequena Universidade Estadual de Portland.

Depois de cumprir as nove horas, trabalhei numa empresa de contabilidade, a Lybrand, Ross Bros. & Montgomery. Era uma das oito grandes empresas do país, mas seu escritório em Portland era pequeno. Um sócio e três contadores juniores. Considerei adequado para

4 CPA (Certified Public Accountant – Contador Público Certificado) é o exame necessário para se obter a licença para atuar como contador nos Estados Unidos. (N. T.)

mim. O escritório pequeno significava que eu estaria em um lugar íntimo, com espaço para ser útil e aprender.

E, de fato, começou assim. Minha primeira atribuição foi uma empresa de Beaverton, chamada Reser's Fine Food, e como único representante do escritório de contabilidade, passei bastante tempo com Al Reser, o CEO dessa empresa, que era apenas três anos mais velho que eu. Aprendi lições valiosas com ele e apreciei o tempo que passei avaliando seus livros contábeis, mas eu tinha trabalho demais para poder apreciá-lo verdadeiramente. O problema dos pequenos escritórios locais de uma grande empresa de contabilidade é a carga de trabalho. Toda vez que surgia um trabalho extra, não havia a quem delegar o serviço. De novembro a abril, período de maior atividade contábil, estávamos sempre atolados de serviço, trabalhando doze horas por dia, seis dias na semana, o que não deixava muito tempo para aprender.

E também éramos observados. Atentamente. Nossos minutos eram contados, segundo a segundo. Quando o presidente Kennedy foi tragicamente assassinado em 22 de novembro, pedi o dia de folga. Eu queria ficar na frente da TV, assistindo aos acontecimentos com o resto da nação, lamentando a morte dele. Meu chefe, contudo, balançou a cabeça negativamente. Trabalho em primeiro lugar, luto em segundo. *Pense nos lírios do campo... eles não trabalham nem fiam.*

Eu tinha dois consolos. Um era o dinheiro: eu recebia quinhentos dólares por mês. O outro era o almoço: todos os dias, no horário do almoço, eu andava até a agência de viagens e ficava parado, como Walter Mitty,[5] diante dos pôsteres na vitrine. Suíça. Taiti. Moscou. Bali. Eu apanhava um dos livretos e folheava, enquanto comia um sanduíche de geleia com pasta de amendoim sentado num banco do parque. E perguntava aos pombos: *Dá para acreditar que há um ano eu*

5 Personagem tímido e retraído, mas com uma imaginação fantasiosa, do conto *A vida secreta de Walter Mitty*, posteriormente transformado em filme, do escritor norte-americano James Thurber. (N. T.)

estava surfando em Waikiki? Comendo ensopado de búfalo depois de uma caminhada matutina no Himalaia?

Seria possível que os melhores momentos da minha vida já tivessem ficado para trás? Será que a minha viagem ao redor do mundo tinha sido… o meu ápice?

Os pombos foram tão expressivos quanto a estátua de Wat Phra Kaew.

Foi assim que passei os primeiros meses do meu vigésimo quinto ano de vida: fazendo perguntas aos pombos, encerando o carro e escrevendo cartas.

Querido Carter, já deixou Shangri-La? Agora sou contador e ando pensando em estourar os miolos.

1964

O aviso chegou perto do Natal, por isso devo ter ido de carro até o armazém no porto na primeira semana de 1964. Não me lembro com exatidão; só sei que era bem cedo. Ainda consigo me ver lá antes de os funcionários levantarem as portas.

Entreguei-lhes o aviso de retirada. Eles foram para os fundos e voltaram com uma caixa comprida, coberta de ideogramas.

Voltei correndo para casa, desci para o porão, rasguei a embalagem. Doze pares de tênis brancos com faixas azuis na lateral. Caramba, como eram lindos. Eram mais que lindos. Não vira nada em Florença nem em Paris que os superasse. Tive vontade de colocá-los em pedestais de mármore ou dentro de molduras douradas. Segurei-os sob a luz, acariciei-os como se fossem objetos sagrados, da maneira que um escritor trata um novo conjunto de cadernos ou um jogador de beisebol uma prateleira de tacos.

Em seguida, enviei dois pares para o meu antigo treinador na Universidade do Oregon, Bill Bowerman.

Fiz isso sem pensar duas vezes, pois Bowerman foi quem primeiro me fez pensar, mas pensar de verdade, sobre o que as pessoas colocavam nos pés. Bowerman era um treinador genial, um perito em motivação, um líder natural de jovens rapazes, e havia um equipamento que ele considerava essencial para o desenvolvimento deles: os calçados. Ele era obcecado pela forma como os humanos se calçavam.

Nos quatro anos em que corri sob sua orientação na Oregon, Bowerman estava sempre entrando escondido no vestiário para roubar nossos tênis. Ele passava dias desmontando-os e voltando a costurá-los para, depois, devolvê-los com algum detalhe modificado, o que nos fazia correr como gazelas… ou sangrar. Independentemente do resultado, ele nunca deixou de fazer isso. Estava determinado a encontrar maneiras de escorar o dorso do pé, amortecer a entressola, ampliar o espaço para o antepé. Ele sempre tinha algum desenho novo, algum novo esquema para tornar nossos tênis mais macios, mais confortáveis e mais leves. Especificamente, mais leves. "Cerca de vinte e oito gramas a menos em um par de tênis", ele dizia, "equivale a quase vinte e cinco quilos ao longo de um quilômetro". E não estava brincando. Seus cálculos faziam sentido. Considerando que a passada larga de um homem mede cerca de um metro e meio, em pouco mais de um quilômetro você terá oitocentos e oitenta passos. Retire aqueles vinte e oito gramas de cada passo e você chega a quase vinte e cinco quilos a menos. Leveza, acreditava Bowerman, se traduzia diretamente em menos carga, o que significava mais energia e mais velocidade. E velocidade significa vitória. Bowerman não gostava de perder. (Herdei isso dele.) Dessa forma, a leveza era o seu objetivo constante.

"Objetivo" é uma maneira gentil de dizer. Na busca da leveza, ele estava disposto a tentar de tudo: animal, vegetal, mineral – qualquer material servia se pudesse melhorar os tênis de couro que se usava na época. Isso, às vezes, significava pele de canguru. Outras vezes, de bacalhau. Você não viveu de verdade se não correu contra os velocistas mais rápidos do mundo calçando tênis feitos de bacalhau.

Havia quatro ou cinco membros da equipe de corrida que eram cobaias da podologia de Bowerman, mas eu era seu projeto de estimação. Algo a respeito dos meus pés chamava a sua atenção. Algo na minha passada. E, também, eu lhe dava uma boa margem de erro. Não era o melhor na equipe, nem de longe, por isso ele podia se dar ao luxo de cometer erros comigo. Com os meus colegas de equipe mais talentosos ele não ousava correr riscos indevidos.

No meu primeiro ano – no segundo e no terceiro –, perdi a conta de quantas corridas corri com tênis de solas lisas ou com travas modificados por Bowerman. No meu último ano, ele já fazia meus tênis a partir do zero.

Naturalmente, eu acreditava que esses novos Tiger, esses tênis engraçadinhos do Japão que tinham demorado mais de um ano para chegar até mim, intrigariam meu antigo treinador. Claro, não eram tão leves quanto os tênis de bacalhau, mas tinham potencial: os japoneses prometeram melhorá-los. E o melhor: eram baratos. Eu sabia que isso atrairia a inata natureza frugal de Bowerman.

Até por causa do nome eu achava que os tênis conquistariam Bowerman. Ele costumava chamar seus corredores de "Homens da Oregon", mas, de vez em quando, ele nos encorajava a ser "tigres". Vejo-o andando pelo vestiário, nos dizendo antes de uma corrida: "Sejam TIGRES lá fora!" (E quem não fosse um tigre era chamado de "hambúrguer".) De vez em quando, quando reclamávamos da nossa refeição austera antes de uma corrida, ele grunhia: "Um tigre caça melhor quando está com fome".

Com um pouco de sorte, pensei, *o treinador talvez possa encomendar alguns pares de Tiger para os seus tigres.*

Mas quer ele os encomendasse ou não, impressionar Bowerman me bastaria. Isso já seria um sucesso para a minha empresa novata.

É possível que tudo que eu estivesse fazendo naqueles dias fosse motivado pelo profundo desejo de impressionar, de agradar Bowerman. Além do meu pai, não havia outro homem cuja aprovação eu valorizasse mais, e, assim como meu pai, não havia outro homem que a dispensasse com menos frequência. A frugalidade se estendia a todas as características da personalidade do treinador. Ele media e guardava palavras elogiosas como se fossem diamantes brutos.

Depois que você vencia uma corrida, se tivesse sorte, Bowerman poderia dizer: "Bela corrida". (Na verdade, foi exatamente o que ele disse para um dos seus corredores especialistas no percurso de uma milha, depois que o rapaz se tornou um dos primeiros a quebrar o recorde mítico de quatro minutos nos Estados Unidos.) Era muito mais a cara de Bowerman não dizer nada. Ele ficava na sua frente, com seu paletó de *tweed* e seu colete extravagante, a gravata de tiras voando ao vento, o boné surrado enfiado na cabeça, e maneava a cabeça uma vez. Talvez o olhasse fixamente com aqueles olhos azuis-gelo, que não deixavam nada passar, não entregavam nada. Todos comentavam a beleza elegante de Bowerman, seu corte de cabelo meio retrô, sua postura ereta e o queixo reto, mas o que sempre *me* chamou a atenção foi aquele olhar de puro azul-violeta.

Ele me cativou desde o primeiro dia. No instante em que cheguei à Universidade do Oregon, em agosto de 1955, adorei Bowerman. E o temi. E nenhum desses impulsos iniciais jamais desapareceu, eles sempre estiveram entre nós. Nunca deixei de amar o cara e nunca encontrei um modo de me livrar do medo inicial. Às vezes o medo era menor, às vezes maior, às vezes descia direto para os meus sapatos, que ele provavelmente costurara com as próprias mãos. Amor e temor – a mesma lógica binária de emoções governava a dinâmica entre mim e meu pai. Muitas vezes refleti se era mesmo mera coincidência que Bowerman e meu pai – ambos enigmáticos, ambos alfa, ambos inescrutáveis – tivessem o nome Bill.

No entanto, os dois homens eram impulsionados por demônios diferentes. Meu pai, filho de um açougueiro, sempre perseguiu a respeitabilidade; Bowerman, por sua vez, cujo pai fora governador do Oregon, não dava a mínima para a respeitabilidade. Ele também era neto de legendários pioneiros, homens e mulheres que atravessaram a Rota do Oregon inteira. Quando pararam de andar, fundaram uma minúscula cidadezinha na parte mais oriental do Oregon, que chamaram de Fossil. Bowerman passou a infância ali, e para lá retornava compulsivamente. Parte de sua mente voltava sempre para Fossil, o que era engraçado, porque havia algo distintamente fossilizado nele. Firme, absorto, antigo, ele possuía uma rara mistura de coragem, integridade e teimosia. Hoje, isso está praticamente extinto.

Ele também foi um herói de guerra. Claro que foi. Como major da Décima Divisão da Montanha. O mais famoso técnico de corrida dos Estados Unidos, Bowerman jamais se considerou um técnico de corrida. Detestava ser chamado de "treinador". A julgar pelo seu passado, ele, naturalmente, considerava a corrida o meio para um fim. Dizia-se "Professor de Reações Competitivas", e seu trabalho, como ele encarava – e muitas vezes descrevia –, era preparar seus pupilos para as dificuldades e competições que surgiriam muito além da Universidade do Oregon.

A despeito de sua missão grandiosa – ou talvez por causa dela –, as instalações da Oregon eram espartanas. Paredes de madeira úmidas, vestiários que não eram pintados há décadas e armários sem portas: apenas tábuas separavam as suas coisas das do seu colega ao lado. Pendurávamos nossas roupas em pregos. *Enferrujados*. E, algumas vezes, corremos sem meias. Reclamar nunca nos passou pela cabeça. Víamos nosso treinador como um general a ser obedecido rápida e cegamente. Na minha cabeça, ele era Patton com um cronômetro.

Isto é, quando não era um deus.

Como todos os deuses antigos, Bowerman morava no alto de uma montanha. Sua estância ficava num pico acima do campus. E, quando repousava em seu Olimpo particular, ele podia ser tão vingativo quanto os deuses.

Lembro-me de uma vez, quando ficou realmente zangado comigo. Eu estava no segundo ano, e estava exausto com meus horários. Aulas todas as manhãs, treinos à tarde, lições a noite toda. Um dia, achando que estava ficando gripado, parei na sala de Bowerman e disse que não me sentia apto a treinar naquela tarde.

– Uh-hum – disse ele. – Quem é o treinador desta equipe?

– O senhor.

– Bem, o treinador desta equipe está dizendo para você ir treinar. E, a propósito, teremos uma corrida contra o relógio hoje.

Quase chorei, mas me controlei, concentrando todas as minhas emoções na corrida, e marquei um dos meus melhores tempos naquele ano. Quando saí da pista, olhei bravo para Bowerman. *Está feliz?* Ele olhou para mim, olhou o cronômetro, olhou para mim de novo, e assentiu. Ele me testara. Ele me destruíra e me reconstruíra, como fazia com pares de tênis. E eu aguentei. Depois disso, passei a ser de verdade um dos seus Homens da Oregon. Daquele dia em diante, eu era um tigre.

Bowerman me respondeu logo em seguida. Mandou-me uma carta dizendo que iria a Portland na semana seguinte, para a corrida Oregon Indoor, e convidou-me para almoçar no Hotel Cosmopolitan, onde a equipe estaria hospedada.

Era 25 de janeiro de 1964. Eu estava terrivelmente nervoso quando a garçonete nos acompanhou até a nossa mesa. Lembro-me de que Bowerman pediu um hambúrguer e eu acrescentei, nervoso:

– Pode trazer dois.

Passamos alguns minutos botando a conversa em dia. Contei-lhe sobre a minha viagem ao redor do mundo. Kobe, Jordânia, o Templo de Nike. Bowerman se mostrou especialmente interessado nos meus dias na Itália, lugar de que ele, apesar de seu quase encontro com a morte, se recordava com carinho.

Por fim, ele abordou o assunto.

– Aqueles tênis japoneses – disse ele. – Eles são muito bons. Que tal me deixar participar do negócio?

Olhei para ele. Participar? Do negócio? Levei um tempo para absorver e entender o que estava dizendo. Bowerman não queria apenas comprar uma dúzia de Tiger para sua equipe; ele queria se tornar... meu sócio? Tivesse Deus falado comigo em meio a um vendaval, eu não teria ficado mais surpreso. Gaguejei, balbuciei, e disse sim.

Estendi a mão.

Mas logo a retraí.

– Que tipo de sociedade você tem em mente? – perguntei.

Eu ousava negociar com Deus. Não acreditava na minha coragem.

Nem Bowerman acreditou. Pareceu confuso.

– Meio a meio – disse ele. – Bem, você terá que investir metade do dinheiro.

– Claro.

– Fiquei pensando que nosso primeiro pedido deveria ser de mil dólares. A sua metade equivaleria a quinhentos.

– Consigo bancar isso.

Quando a garçonete chegou com a conta dos dois hambúrgueres, também dividimos. Meio a meio.

Lembro-me como se tivesse sido no dia seguinte, ou talvez em algum momento nos dias ou semanas seguintes, mas os documentos me contradizem. Cartas, diários, agendas – tudo isso prova que foi bem mais tarde. Mas eu me lembro daquilo que me lembro, e deve haver um motivo para eu me lembrar de ter sido assim. Quando saímos do restaurante, naquele dia, ainda vejo Bowerman colocando o boné, ainda o vejo endireitar a gravata cowboy, ainda o ouço dizendo:

– Você vai ter de falar com o meu advogado, John Jaqua. Ele pode nos ajudar com o contrato.

De todo modo, dias, semanas ou anos mais tarde, a reunião aconteceu. E foi assim.

Maravilhado com o cenário, como sempre, estacionei diante da fortaleza de pedras de Bowerman. Era um lugar isolado. Poucas pessoas conseguiam chegar até lá. Era preciso seguir pela Cobrug Road até a Mackenzie Drive e encontrar uma estradinha sinuosa que seguia por alguns quilômetros colina acima em meio a um bosque. No fim, chega-se a uma clareira com roseiras, árvores solitárias e uma casa aprazível, pequena, porém sólida, com fachada de pedras. Bowerman a construíra com as próprias mãos. Quando parei o carro, fiquei admirado e pensando como era possível que ele tivesse conseguido fazer todo aquele trabalho braçal sozinho. *O homem que move uma montanha começa carregando pedras pequenas.*

Uma extensa varanda de madeira, com diversas espreguiçadeiras, cercava a casa toda – ele também construíra aquilo. A varanda propiciava uma bela vista do rio Mackenzie, e não seria preciso muito para me fazer acreditar que Bowerman também colocara o rio ali.

Vi Bowerman na varanda. Ele semicerrou os olhos contra o Sol e desceu os degraus até o meu carro. Não me lembro muito do que conversamos depois que ele entrou. Só engatei a marcha e dirigi até a casa do advogado dele.

Além de ser advogado e melhor amigo de Bowerman, Jaqua era seu vizinho. Enquanto dirigia até lá, eu não conseguia ver como aquilo poderia ser vantajoso para mim. Claro que eu me dava bem com Bowerman, e tínhamos fechado um acordo, mas advogados sempre se metem em tudo. Advogados se especializam em se meter e atrapalhar tudo. E advogados que são melhores amigos...? Bowerman, nesse meio-tempo, não disse nada para me tranquilizar.

Em meio ao silêncio ressonante, eu mantive os olhos fixos na estrada e fiquei pensando na personalidade excêntrica de Bowerman, que se revelava em tudo que ele fazia. Ele sempre andava na contramão. Sempre. Por exemplo, foi o primeiro treinador universitário no país a enfatizar o descanso, a dar à recuperação a mesma importância que se dava ao esforço. Mas quando ele fazia você treinar, meu amigo, ele fazia você treinar. A estratégia de Bowerman para correr a distância de uma milha era bem simples: busque um ritmo intenso nas primeiras duas voltas, corra a terceira o mais rápido que puder, depois triplique a velocidade na quarta. Havia uma espécie de qualidade

Zen em sua estratégia, porque era impossível. E mesmo assim funcionava. Bowerman treinou mais corredores que completaram o percurso de uma milha em menos de quatro minutos do que qualquer outro técnico em todos os tempos. Eu, no entanto, não fui um deles, e naquele dia perguntei-me se mais uma vez chegaria apenas perto nessa última volta crucial.

Encontramos Jaqua sentado à varanda. Eu já o vira antes, em algumas corridas, mas nunca cheguei a olhar direito para ele. Apesar de usar óculos e estar já na casa dos quarenta, ele não se encaixava na minha ideia de como deveria ser um advogado. Era forte demais, musculoso demais. Mais tarde, fiquei sabendo que fora um zagueiro de destaque no ensino médio e um dos melhores velocistas na corrida de cem metros da Universidade Pomona. Ele ainda tinha aquele revelador porte de atleta. Isso se notava até no aperto de mão.

Era um dia típico de janeiro no Oregon. Com a chuva incessante, uma umidade fria invadia tudo. Nós nos acomodamos em poltronas diante da lareira de Jaqua, a maior lareira que eu já tinha visto, grande o bastante para assar um alce. Chamas ardiam ao redor de achas do tamanho de hidrantes. Por uma porta lateral, a esposa de Jaqua entrou carregando uma bandeja. Canecas de chocolate quente. Ela perguntou se eu queria chantilly ou marshmallows.

– Nada mais, senhora, muito obrigado. – Minha voz saiu duas oitavas mais alto que o normal.

Ela inclinou a cabeça e me lançou um olhar compadecido. *Garoto, eles vão arrancar o seu couro.*

Jaqua sorveu um gole, limpou o bigode de espuma e começou a falar. Falou um pouco sobre as corridas na Oregon e sobre Bowerman. Ele vestia jeans azuis meio sujos e uma camisa de flanela amassada, e eu não conseguia deixar de pensar que aquela aparência não era nada advocatícia.

E ele disse que nunca havia visto Bowerman tão animado com uma ideia. Gostei disso.

– Mas – disse ele –, meio a meio não serve para o Treinador. Ele não quer ser encarregado e não quer ficar batendo de frente com você. Que tal, então, cinquenta e um e quarenta e nove, com você no controle da operação?

A postura dele era a de um homem que estava tentando ajudar, tornar aquela uma situação favorável para todos. Confiei nele.

– Por mim, tudo bem – eu respondi. – Isso... é tudo?

Ele assentiu.

– Temos um acordo? – ele perguntou.

– Fechado.

Apertamos as mãos, assinamos os papéis e eu estava oficialmente numa sociedade com o Poderoso Bowerman. A senhora Jaqua me perguntou se eu queria mais chocolate quente.

– Sim, senhora, por favor. E a senhora ainda tem marshmallows?

Mais tarde, naquele mesmo dia, escrevi para a Onitsuka e pedi para ser o distribuidor exclusivo deles na Costa Oeste dos Estados Unidos. Depois, pedi-lhes que me enviassem trezentos pares de Tiger, o mais rápido possível. O par custava três dólares e trinta e três centavos, o que somava quase mil dólares em tênis. Mesmo contando com a parte de Bowerman, isso era mais do que eu tinha em mãos. Uma vez mais procurei meu pai. E dessa vez ele deu para trás. Não se importava de me ajudar a começar, mas não queria que eu o procurasse ano após ano. Além disso, ele considerava esse assunto dos tênis uma brincadeira. Não me mandara estudar na Oregon e em Stanford para que eu virasse vendedor de calçados de porta em porta.

Olhei para a minha mãe. Como de costume, ela nada disse. Simplesmente deu um sorriso discreto, e belo. Herdei minha timidez dela, isso era certo. Muitas vezes desejei ter herdado também sua beleza.

A primeira vez que meu pai pôs os olhos na minha mãe, pensou que ela fosse um manequim. Ele passou na frente da única loja de departamentos de Rosebug, e lá estava ela, parada na vitrine, como modelo de um vestido de festa. Percebendo que ela era de carne e osso, foi direto para casa e implorou à irmã que descobrisse o nome daquela linda garota da vitrine. A irmã dele descobriu. "Aquela é Lota Hatfield", disse ela.

Oito meses mais tarde, meu pai a pediu em casamento e a tornou Lota Knight.

Na época, meu pai estava no caminho de se tornar um advogado bem estabelecido, escapando da pobreza que definira sua infância. Ele tinha vinte e oito anos. Minha mãe, que acabara de completar vinte e um, crescera em pobreza ainda maior que a dele. (Seu pai fora ferroviário.) A pobreza era uma das poucas coisas que eles tinham em comum.

De muitas maneiras, eles eram um caso clássico dos opostos que se atraem. Minha mãe, alta, estonteante, amante do ar livre, sempre em busca de lugares para recuperar parte da paz interior perdida. Meu pai, baixo, comum, com óculos de aro grosso que corrigiam sua miopia, diariamente engajado numa batalha perniciosa de deixar o passado para trás para tornar-se respeitável, principalmente por meio dos estudos e do trabalho árduo. Segundo da sua sala da faculdade de Direito, ele nunca se cansou de reclamar da nota C que tirara em um trabalho.

Quando suas personalidades diametralmente opostas causavam problemas, eles se apoiavam naquilo que mais profundamente tinham em comum: a crença de que a família vinha em primeiro lugar. Quando não chegavam a um consenso, os dias se tornavam difíceis. E as noites.

Contudo, a aparência dela podia ser enganosa. Talvez nada revelasse melhor a verdadeira natureza da minha mãe que as simulações a que ela me submetia. Com frequência, amarrava uma corda na coluna da minha cama e me fazia descer por ela, do segundo andar, como num rapel, para que eu aprendesse como agir em caso de incêndio.

E media o meu tempo. O que os vizinhos deveriam pensar? E o que eu devo ter pensado?

Provavelmente, isto: *A vida é perigosa.*

E mais isto: *Temos de estar sempre preparados.*

E isto também: *Minha mãe me ama.*

Quando eu tinha doze anos, Les Steers e a família dele se mudaram para o outro lado da rua, para a casa vizinha à de Jackie Emory, minha melhor amiga. Um dia, o senhor Steers preparou uma pista de salto em altura no jardim da casa de Jackie. Ela e eu disputamos quem saltava mais alto e chegamos a um metro e trinta e sete.

– Talvez, um dia, um de vocês quebre o recorde mundial – disse o senhor Steers. (Depois, fiquei sabendo que o recorde mundial da época, dois metros e dez, pertencia ao senhor Steers.)

Então, do nada, a minha mãe apareceu, vestindo calças de jardinagem e uma blusa de verão. (*Oh-oh, estamos encrencados*, pensei.) Ela olhou aquela cena. Depois, olhou para mim e para Jackie e, olhando para o senhor Steers, pediu:

– Suba o sarrafo.

Em seguida, tirou os sapatos, andou até a marca e explodiu para a frente, ultrapassando um metro e cinquenta e dois com facilidade.

Não sei se já a amara mais que isso antes.

Naquela hora, achei que ela era demais. Um tempo depois, percebi que ela também amava corridas.

Isso aconteceu quando eu estava no segundo ano do ensino médio. Desenvolvi uma verruga muito dolorida na sola do pé e o podólogo recomendou cirurgia, o que significaria uma temporada perdida de competições. Minha mãe só lhe disse duas palavras: "In. Aceitável".

Marchou até a farmácia mais próxima, comprou um frasco de removedor de verrugas e aplicou o remédio todos os dias no meu pé. Depois, a cada duas semanas, ela pegava uma faquinha afiada e desbastava um pedacinho da verruga, até ela sumir por completo. Naquela primavera, eu marquei o melhor tempo da minha vida.

Por isso, eu não deveria ter ficado tão surpreso com a jogada seguinte da minha mãe, após meu pai me lembrar de que eu precisava me tornar mais responsável. Nesse momento, como quem não quer nada, ela abriu a bolsa, pegou sete dólares e, num tom de voz alto o suficiente para garantir que meu pai ouvisse, disse:

– Eu gostaria de comprar um par dos Limber Up, por favor.

Vê-la na cozinha diante do fogão ou da pia, preparando o jantar ou lavando a louça, calçando um par de tênis de corrida japonês do tamanho 34 nunca deixou de me emocionar.

Pouco depois, meu pai me emprestou os mil dólares. Dessa vez, os tênis chegaram sem demora.

Abril de 1964. Aluguei um caminhão, dirigi até a região dos armazéns e o funcionário da alfândega me entregou dez enormes caixas. De novo, voltei correndo para casa, levei as caixas para o porão e abri as embalagens. Cada caixa continha trinta pares de Tiger, e cada par estava embalado em celofane. (Enviá-los em caixas de sapato individuais teria custado mais.) Em questão de minutos, o porão estava tomado por tênis. Admirei-os, avaliei-os, brinquei com eles, andei ao redor deles. Depois, empilhei-os em um lugar onde não atrapalhassem, organizando-os ao redor da caldeira e debaixo da mesa de pingue-pongue, o mais longe possível da máquina de lavar e da secadora, para que a minha mãe ainda pudesse lavar roupa. Por fim, experimentei um par. Corri em círculos no porão. Pulei de alegria.

Dias mais tarde chegou uma carta do senhor Miyazaki: "Sim", ele dizia, "você pode ser o distribuidor da Onitsuka no Oeste".

Era só disso que eu precisava. Para horror do meu pai e para a alegria subversiva da minha mãe, pedi demissão na empresa de contabilidade e, naquela primavera, não fiz nada além de vender tênis que eu transportava no porta-malas do meu carro.

Minha estratégia de vendas era bem simples e acho que até mesmo brilhante. Depois de ter os meus tênis rejeitados por algumas lojas de artigos esportivos ("Garoto, se há algo de que este mundo não precisa é de mais um tênis de corrida!", diziam), dirigi pelo Noroeste, onde aconteciam diversas corridas. Entre as competições, eu conversava com treinadores, corredores, entusiastas, e lhes mostrava os meus produtos. A resposta era sempre a mesma. Eu mal conseguia anotar os pedidos.

Voltando a Portland, pensei, curioso, no meu súbito sucesso como vendedor.

Tinha sido incapaz de vender enciclopédias, e desprezei a situação toda. Saí-me ligeiramente melhor vendendo fundos mútuos, mas me sentia morto por dentro ao fazer aquilo. Então, por que vender tênis era tão diferente? Porque, percebi, eu não estava vendendo. Eu *acreditava* na corrida. Acreditava que, se as pessoas saíssem para correr alguns quilômetros todos os dias, o mundo seria um lugar melhor, e acreditava que era melhor correr com aqueles tênis. As pessoas, sentindo a minha convicção, queriam parte daquela convicção para si.

Convicção, concluí. A convicção é irresistível.

Às vezes, as pessoas queriam tanto os meus tênis que me escreviam ou telefonavam dizendo que tinham ouvido falar desses novos Tiger que tinham de possuir um par de qualquer jeito, e pediam, por favor, se eu poderia enviá-los para que os pagassem no ato do recebimento. Sem nem tentar, meu negócio por catálogo nasceu.

Às vezes, as pessoas simplesmente apareciam na casa dos meus pais. A cada poucas noites, a campainha de casa tocava e meu pai, resmungando, levantava-se da sua poltrona de vinil, abaixava o volume da TV e se perguntava quem poderia ser àquela hora. Na varanda, algum garoto magricela com pernas estranhamente musculosas, nervoso e agitado como um viciado atrás da próxima dose, perguntava pelo Buck. Meu pai me chamava da cozinha até a ala dos empregados e eu saía do quarto, convidava o garoto a entrar, levava-o até o sofá e me ajoelhava diante dele para medir seu pé. Incrédulo, com as mãos enfiadas nos bolsos, meu pai observava toda a transação.

A maioria das pessoas que me procurava em casa havia me encontrado pelo boca a boca. Um amigo contava para outro. Mas algumas me encontraram depois da minha primeira tentativa de fazer propaganda: um panfleto que eu mesmo desenhei e do qual fiz muitas cópias em uma gráfica perto de casa. No alto, em letras grandes, estava escrito: A MELHOR NOVIDADE EM TÊNIS DE CORRIDA! O JAPÃO DESAFIA O DOMÍNIO EUROPEU NAS PISTAS! Logo abaixo, o panfleto explicava: *Os baixos custos empregatícios japoneses possibilitam que uma empolgante nova empresa ofereça esses tênis por apenas seis dólares e noventa e cinco centavos.* Na parte inferior, o meu endereço e número de telefone. Eu preguei esses panfletos em toda Portland.

Em 4 de julho de 1964, esgotei o meu primeiro carregamento. Escrevi pedindo mais novecentos pares. Isso custaria aproximadamente três mil dólares, o que acabaria com o dinheiro que o meu pai me dera, e também com a sua paciência. O Banco do Papai, como ele dizia, estava fechado. Mas concordou, meio a contragosto, em me dar uma carta de garantia, que eu levei ao First National Bank do Oregon. Graças à reputação do meu pai, e nada além disso, o banco aprovou o empréstimo. Por fim, a respeitabilidade que meu pai ostentava dava frutos... pelo menos para mim.

Eu tinha um sócio respeitável, um banco legítimo e um produto que se vendia sozinho. Eu estava numa maré boa.

Na verdade, os tênis vendiam tão bem que resolvi contratar outro vendedor.

Talvez dois. Na Califórnia.

A questão era: como chegar à Califórnia? Era certo que eu não tinha como bancar as tarifas aéreas nem dispunha de tempo para dirigir até lá. Por isso, a cada dois finais de semana, eu enchia uma sacola de lona com os Tiger, vestia o meu uniforme do exército, muito bem passado, e seguia para a base aérea local. Ao ver o uniforme, os PMs me liberavam para o transporte militar seguinte que partia para São Francisco. Quando eu ia para Los Angeles, economizava ainda mais, pois ficava hospedado na casa de Chuck Cale, um amigo de Stanford. Um bom amigo. Quando apresentei meu trabalho na aula de Empreendedorismo, Cale apareceu para me dar apoio moral.

Durante um daqueles finais de semana em Los Angeles, participei de uma reunião na faculdade Occidental. Como de costume, fiquei na parte central do gramado do campo de beisebol, deixando que os tênis fizessem sua mágica. De repente, um cara se aproximou e me estendeu a mão para um aperto. Olhos cintilantes, belo rosto. Na verdade, bonito demais, apesar de triste. Ainda que houvesse tranquilidade em suas feições, seu olhar era melancólico, quase trágico. Ele me era também vagamente familiar.

– Phil – ele me chamou.

– Pois não?

– Jeff Johnson – ele disse.

Claro! Lembrei-me. Era o Johnson. Eu o conhecera em Stanford. Ele fora um corredor, um bom corredor, e fomos adversários em diversas competições locais. Às vezes, ele saía para correr comigo e com Cale e, depois, íamos comer alguma coisa.

– E aí, Jeff? – perguntei. – O que você anda fazendo?

– Pós-graduação – ele disse. – Estou estudando Antropologia.

O plano dele era se tornar assistente social.

– Sério? – disse eu, arqueando uma sobrancelha.

Johnson não tinha cara de assistente social – não conseguia vê-lo aconselhando viciados em drogas e realocando órfãos –, tampouco de antropólogo. Não conseguia vê-lo conversando com canibais na Nova Guiné ou explorando acampamentos indígenas com uma escova de dentes, escavando em meio a esterco de cabra para encontrar cacos de cerâmica.

Mas isso, disse ele, era apenas a sua labuta diária, pois nos fins de semana ele seguia o coração vendendo tênis.

– Não! – exclamei.

– Adidas – ele esclareceu.

– Adidas que se lasque – eu disse –, você deveria trabalhar para mim, me ajudar a vender estes novos tênis de corrida japoneses.

Entreguei um Tiger para ele, contei sobre a viagem ao Japão e sobre a minha reunião na Onitsuka. Ele dobrou os tênis, examinando a sola.

– Muito legal – ele disse. – Fiquei curioso, mas não… obrigado. Vou me casar – explicou –, e não sei se posso me arriscar em um novo empreendimento agora.

Não me ofendi com a recusa. Era a primeira vez que eu ouvia um "não" em meses.

A vida era boa. A vida era maravilhosa. Eu até tinha uma espécie de namorada, apesar de não ter muito tempo para ela. Estava feliz. Talvez mais feliz que nunca, e a felicidade podia ser algo perigoso, porque entorpece os sentidos. Portanto, eu não estava preparado para aquela terrível carta.

Era do treinador de luta livre de uma escola de ensino médio de alguma cidadezinha obscura no Leste, algum fim de mundo em Long Island chamado Valley Stream ou Massapequa ou Manhasset. Tive de lê-la duas vezes antes de entender. O treinador dizia que acabara de voltar do Japão, onde havia se encontrado com os altos executivos da Onitsuka, que o nomearam seu distribuidor executivo nos Estados Unidos. Ao ficar sabendo que eu estava vendendo os Tiger sem sua autorização, portanto ilegalmente, ele me ordenou – ordenou! – que parasse.

Com o coração acelerado, telefonei para o meu primo Doug Houser, que se formara na faculdade de Direito de Stanford e trabalhava em um respeitável escritório de advocacia da cidade. Pedi-lhe que investigasse esse senhor de Manhasset, descobrisse o que pudesse e depois mandasse uma carta de resposta para o cara.

– Dizendo o quê, exatamente? – perguntou o Primo Houser.

– Que qualquer tentativa de interferir com os negócios da Blue Ribbon será respondida com providências legais – disse eu.

Meu "negócio" tinha dois meses de vida e eu já estava envolvido em uma batalha judicial. Seria um castigo por eu achar que estava feliz?

Em seguida, sentei-me para escrever uma carta apressada para a Onitsuka.

Prezados senhores, fiquei muito aflito ao receber uma carta esta manhã de um homem de Manhasset, em Nova York, que alega...

Aguardei resposta. Esperei um pouco mais.

Escrevi de novo.

Nanimo.

Nada.

O Primo Houser descobriu que o senhor de Manhasset era um tipo de celebridade. Antes de se tornar o treinador de uma equipe de luta do ensino médio, fora modelo – um dos modelos originais da bem-sucedida campanha dos homens Marlboro. Cavalos, chapéus, cenário, tudo isso adornando a temática dos cowboys. Que beleza, pensei. Exatamente do que eu precisava. Uma disputa de costa a costa com algum mítico cowboy americano.

Entrei em pânico. Fiquei irritado. Tornara-me uma companhia tão ruim que a minha namorada me deixou. Todas as noites eu me sentava com a família para jantar e só mudava a carne assada e os legumes preparados pela minha mãe de lugar no prato. Depois, eu me sentava com o meu pai no cantinho da TV, à qual assistia taciturno.

– Buck – disse meu pai –, parece que alguém deu uma paulada na sua cabeça. Sai dessa.

Mas eu não conseguia. Ficava pensando na minha reunião com a Onitsuka. Eles tinham me mostrado tanto *kei*. Curvaram-se para mim e vice-versa. Fui franco com eles, honesto – em grande parte. Claro, “tecnicamente”, na época, eu não era “dono” de uma empresa chamada Blue Ribbon, mas isso não fazia diferença. Agora eu era e levara, sem ajuda de ninguém, os Tiger para a Costa Oeste, e conseguiria vendê-los dez vezes mais rápido se, ao menos, a Onitsuka me desse uma chance. Em vez disso, a empresa estava me tirando do negócio, me descartando em troca do cowboy da Costa Leste?

O verão já chegava ao fim, eu ainda não tinha recebido nenhuma notícia da Onitsuka e praticamente já desistira de vender tênis. No Dia do Trabalho, contudo, mudei de ideia. Não poderia desistir. Ainda não. E não desistir significava voar até o Japão. Eu precisava colocar tudo em pratos limpos com a Onitsuka.

Procurei meu pai. Ele ainda não gostava de eu ficar perdendo tempo com os tênis, mas o fato é que gostava menos ainda que alguém maltratasse o filho dele. Ele franziu a testa.

– Acho que você deveria mesmo ir – disse ele.

Conversei a respeito com a minha mãe.

– Sem dúvida nenhuma – disse ela.

Na verdade, foi ela quem me levou ao aeroporto.

Cinquenta anos mais tarde, eu ainda consigo nos ver naquele carro. Lembro-me de cada detalhe. Era um dia ensolarado, límpido, sem umidade nenhuma, a temperatura na casa dos vinte e poucos graus. Nós dois quietos, observando o Sol passar pelo para-brisa, sem dizer nada. Aquele silêncio entre nós era como o silêncio dos muitos dias em que ela me levara às competições. Eu estava nervoso demais para conseguir conversar, e ela, melhor do que ninguém, me entendia. E respeitava os limites que colocávamos ao nosso redor em momentos de crise.

Mas quando nos aproximamos do aeroporto ela rompeu o silêncio, dizendo:

– Apenas seja você mesmo.

Olhei pela janela. Ser eu mesmo. Sério? Essa era a minha melhor opção? *Estudar o "eu" é se esquecer do "eu".*

Baixei o olhar. Eu certamente não estava vestido como eu mesmo. Usava um terno novo cinza-chumbo, bem tradicional, e levava uma mala pequena. No bolso lateral, havia um livro novo: *Como negociar com os japoneses*. Só Deus sabe como ou onde fiquei sabendo desse livro. E, agora, fiz uma careta ao me lembrar de um último detalhe: eu também usava um chapéu-coco preto. Comprei-o especialmente para essa viagem, acreditando que assim, talvez, eu parecesse mais velho. Na verdade, ele fazia com que eu parecesse louco. Completa e absolutamente louco. Como se tivesse fugido de um hospício da Era Vitoriana em uma pintura de Magritte.

Passei boa parte do voo memorizando *Como negociar com os japoneses*. Quando meus olhos se cansaram, fechei o livro e fiquei olhando pela janela. Tentei conversar comigo mesmo, me passar orientações. Disse a mim mesmo que eu precisava deixar de lado os sentimentos, esquecer os pensamentos de injustiça, o que me deixaria emotivo e me impediria de pensar claramente. As emoções seriam fatais. Eu precisava permanecer impassível.

Relembrei-me da minha carreira de corredor na Oregon. Competi com e contra homens melhores, mais rápidos e mais bem-dotados fisicamente que eu, muitos dos quais se tornaram atletas olímpicos. No entanto, eu me treinara a esquecer desses fatos infelizes. As pessoas acreditam, num ato reflexo, que competir é sempre algo bom, que traz o melhor das pessoas, mas isso só é verdade em relação às pessoas que esquecem a competição. A arte de competir, aprendi nas pistas, é a arte de esquecer, e nessa hora me lembrei disso. Você tem que esquecer seus limites. Tem que esquecer suas dúvidas, sua dor, seu passado. Tem que esquecer aquela voz interna que berra, que implora: "Nem um passo a mais!". E quando não for mais possível esquecer, você tem que negociar com ela. Pensei em todas as corridas em que a minha mente queria uma coisa e o meu corpo queria outra. Naquelas voltas em que tive de dizer ao meu corpo: "Sim, você está certo em muitas coisas, mas vamos continuar mesmo assim..."

Apesar de todas as minhas negociações com aquela voz, essa habilidade nunca foi algo natural, e agora eu temia que estivesse enferrujado. Quando o avião planou na direção do aeroporto Haneda, eu disse a mim mesmo que precisava evocar essa antiga habilidade ou perderia.

Não suportava a ideia de perder.

As Olimpíadas de 1964 estavam prestes a acontecer no Japão, por isso, havia muitas opções de hotéis novos, bons e de preços razoáveis em Kobe. Acomodei-me em um quarto bem no centro, em Newport, que tinha um restaurante giratório na cobertura como o da Space Needle – um toque do grande noroeste americano para acalmar meus nervos. Antes de desfazer a mala, telefonei para a Onitsuka e deixei uma mensagem: "Estou aqui e requisito uma reunião".

Depois, sentei-me na beirada da cama e fiquei encarando o aparelho.

Por fim, ele tocou. Uma secretária muito cerimoniosa informou-me de que o meu contato na Onitsuka, o senhor Miyazaki, já não trabalhava lá. Um mau sinal. Seu substituto, o senhor Morimoto, não queria que eu fosse à sede da empresa. Um sinal muito ruim. Em vez disso, ela disse que o senhor Morimoto me encontraria na manhã seguinte para tomar chá no restaurante giratório do meu hotel.

Deitei-me cedo e tive um sono agitado. Sonhei com perseguições de carros, prisões, duelos – os sonhos recorrentes que sempre me incomodavam antes de uma reunião importante, de um encontro ou de uma prova. Acordei ao amanhecer. Meu café da manhã foi um ovo cru sobre arroz quente e algum peixe grelhado, que empurrei goela abaixo com um bule de chá verde. Em seguida, fiz a barba, recitando as passagens decoradas do livro *Como negociar com os japoneses*. Cortei-me uma ou duas vezes, e tive dificuldades para estancar o sangramento. Eu devia estar um espetáculo. Por fim, vesti o terno e bamboleei até o elevador. Quando pressionei o botão da cobertura, notei que a minha mão estava pálida como um osso. Morimoto fora pontual. Ele devia ter a minha idade, mas parecia muito mais maduro, muito mais seguro de si. Vestia uma jaqueta esportiva meio amassada e tinha o rosto meio amarrotado. Sentamo-nos a uma mesa junto à janela. No mesmo instante, antes que o garçom viesse anotar os nossos pedidos, comecei a falar, dizendo tudo o que jurei não dizer. Disse a Morimoto o quanto me incomodara aquele cowboy da Costa Leste invadindo o meu terreno. Disse que tivera a impressão de ter me conectado com os executivos na minha visita do ano anterior, e que essa impressão havia sido ressaltada por uma carta do senhor Miyazaki, na qual dizia que treze estados do Oeste eram exclusivos meus. Com isso, me senti perdido, sem entender esse tratamento. Apelei ao senso de justiça do senhor Morimoto, ao seu senso de honra. Ele pareceu desconfortável, por isso, fiz uma pausa para respirar. Levei a questão do lado pessoal para o profissional. Citei números robustos. Mencionei o nome do meu sócio, o lendário treinador cuja reputação era notável mesmo no outro lado do Pacífico. Enfatizei o que eu poderia fazer para a Onitsuka no futuro, se tivesse a oportunidade.

Morimoto sorveu um gole de chá. Quando ficou claro que eu já havia terminado, ele apoiou a xícara e olhou pela janela. Lentamente, nós girávamos acima de Kobe.

– Voltarei a falar com o senhor.

Outra noite agitada. Levantei-me diversas vezes, fui até a janela, observei os navios oscilando na baía arroxeada de Kobe. *Lindo lugar,* pensei. Pena que toda aquela beleza me fosse alheia. O mundo deixa de ter sua beleza quando se perde, e eu estava prestes a perder, de lavada. Sabia que, pela manhã, Morimoto me diria que lamentava, que não era nada pessoal, que aquilo eram apenas negócios, mas que eles continuariam com o cowboy da Costa Leste.

Às nove da manhã, meu telefone tocou à cabeceira da cama. Morimoto.

– O senhor Onitsuka... *pessoalmente*... gostaria de vê-lo – disse ele.

Vesti meu terno e peguei um táxi até a sede da Onitsuka. Na sala de reuniões – a já conhecida sala de reuniões –, Morimoto apontou para um lugar no meio da mesa. No meio dessa vez, não na cabeceira. Nada mais de *kei*. Ele se sentou na minha frente e me encarou, enquanto a sala, lentamente, ia se enchendo de executivos. Quando todos estavam sentados, Morimoto meneou a cabeça para mim.

– *Hai* – disse ele.

Fui com tudo, basicamente repetindo o que tinha dito na manhã anterior. Quando já erguia meu tom de voz, me preparando para a conclusão, todas as cabeças se viraram para a porta, e eu parei no meio da frase. A temperatura da sala deve ter caído uns cinco graus. O fundador da empresa, o senhor Onitsuka, chegara.

Trajando um terno azul-marinho italiano e ostentando uma cabeleira negra bem espessa, tal qual um carpete grosso, ele encheu todos os homens da sala de reuniões de medo. No entanto, ele parecia não perceber. Apesar de todo o seu poder, de toda a sua fortuna, seus modos eram respeitosos. Ele avançou com passos meio arrastados, sem dar nenhum sinal de ser o chefe de todos os chefes, o xogum dos tênis. Devagar, deu a volta na mesa, fazendo breve contato visual com cada executivo. No fim, acabou perto de mim. Curvamo-nos um para o outro e apertamos as mãos. Em seguida, ele tomou o lugar à cabeceira da mesa e Morimoto tentou resumir o motivo de eu estar ali. O senhor Onitsuka ergueu uma mão, interrompendo-o.

Sem preâmbulos, lançou-se em um monólogo longo e apaixonado.

– Há algum tempo – disse –, tive uma visão, um vislumbre maravilhoso do futuro. Todos no mundo usavam sapatos esportivos o tempo inteiro. Sei que esse dia chegará. – Fez uma pausa, olhou ao redor da mesa para cada pessoa, verificando se elas também tinham essa certeza, e seu olhar parou em mim. Ele sorriu. Eu sorri. Ele piscou duas vezes e prosseguiu: – Você faz com que eu me lembre de mim mesmo quando era jovem – disse com suavidade, encarando-me. Um segundo. Dois segundos. Depois, voltou o olhar para Morimoto: – E esses trezes estados do Oeste?

– Sim? – disse Morimoto.

– Hum – Onitsuka disse. – Hummmmm – ele repetiu, estreitando os olhos e baixando o olhar, parecendo meditar. Então, voltou a olhar para mim. – Sim – disse ele –, muito bem. Você fica com os estados ocidentais.

O homem de Nova York, explicou ele, continuaria vendendo calçados para luta livre em toda a nação, mas limitaria suas vendas de tênis de corrida à Costa Leste. O senhor Onitsuka escreveria pessoalmente a ele, informando-o dessa decisão.

Ele se levantou. Eu me levantei. Todos se levantaram. Todos nos curvamos. E ele saiu da sala de reuniões.

Todos que ficaram na sala suspiraram.

– Então... está decidido – declarou Morimoto.

Por um ano, acrescentou ele. Depois disso, o assunto seria revisto.

Agradeci a Morimoto, assegurei-lhe de que Onitsuka não se arrependeria de ter depositado sua fé em mim. Dei a volta na mesa, apertando a mão de todos, curvando-me, e quando voltei para junto de Morimoto, dei-lhe um aperto de mão mais vigoroso. Depois, acompanhei a secretária até uma saleta anexa, onde assinei diversos contratos e fiz um pedido equivalente a três mil e quinhentos dólares em tênis.

Corri de volta ao hotel. Na metade do caminho, comecei a dar pulos, depois saltei no ar como um dançarino. Parei na grade e fitei a baía. A sua beleza já não me era mais alheia. Observei os barcos singrando na brisa suave e resolvi que alugaria um. Passearia de barco pelo Mar Interior. Uma hora mais tarde, eu estava na proa do barco, com o vento nos cabelos, navegando em direção ao pôr do sol, sentindo-me muito satisfeito comigo mesmo.

No dia seguinte, eu pegaria um trem para Tóquio. Chegara a hora, finalmente, de subir às nuvens.

Todos os guias de turismo recomendavam subir o Monte Fuji à noite. Uma subida executada adequadamente, diziam, devia culminar com a vista do nascer do sol no topo da montanha. Por isso, cheguei à base da montanha pontualmente ao entardecer. O dia fora abafado, mas o ar estava esfriando, e de pronto reconsiderei minha escolha de ir de bermudas, camiseta e um par de Tiger. Vi um homem descendo a montanha com um casaco emborrachado. Parei-o e ofereci três dólares pelo casaco. Ele olhou para mim, olhou para o casaco e assentiu. Eu estava fechando negócios por todo o Japão!

Quando a noite caiu, centenas de nativos e de turistas apareceram e começaram a subir a montanha. Todos, percebi, carregavam bastões compridos com sininhos acoplados. Vi um casal britânico e perguntei-lhes sobre os bastões.

– São para afastar os espíritos malignos – disse a mulher.

– Existem *espíritos malignos* nesta montanha? – perguntei.

– É o que dizem.

Comprei um bastão.

Depois percebi pessoas se juntando na lateral da estrada para comprar sapatos de palha. A inglesa me explicou que o Fuji era um vulcão ativo e suas cinzas e fuligem arruínam qualquer sapato. Os montanhistas, dessa forma, usavam sandálias de palha descartáveis.

Comprei as sandálias.

Mais pobre, porém mais bem equipado, por fim parti.

Havia muitos caminhos para descer o Monte Fuji, de acordo com o guia, mas apenas uma rota de subida. *Uma lição de vida*, pensei. Placas no caminho de subida, escritas em muitas línguas, diziam haver nove estações antes do cume, e cada uma delas oferecia comida e local para descanso. Depois de duas horas, porém, eu havia passado a terceira estação diversas vezes. Será que os japoneses contavam de maneira diferente? Alarmado, perguntei-me se treze estados ocidentais, na verdade, significariam três.

Na sétima estação, parei e comprei uma cerveja japonesa e um pote de *noodles*. Enquanto comia, fiquei com vontade de conversar com outro casal. Eram americanos, mais novos do que eu. Estudantes, presumi. Ele devia ser rico: usava calças de golfe, camisa polo com um cinto de tecido e estava colorido como um ovo de Páscoa. Ela era uma *beatnik* típica: vestia jeans rasgados e camiseta desbotada e tinha cabelos desgrenhados; seus olhos grandes eram escuros – meio pretos, meio castanhos –, como duas xícaras de café expresso. Ambos suavam por causa da subida e estranharam que eu não estivesse suando. Dei de ombros e expliquei que fora atleta na Oregon.

– Corria meia milha – eu disse.

O jovem fechou a cara e a namorada dele exclamou:

– Puxa!

Terminamos nossa cerveja e retomamos a caminhada juntos.

O nome dela era Sarah. Era de Maryland. "Terra dos cavalos", disse ela. *Terra de rico*, pensei. Contou-me que crescera cavalgando e se apresentando em eventos de equitação. Falou de seus pôneis prediletos como se fossem seus melhores amigos.

Perguntei sobre a família dela.

– Papai tem uma empresa de chocolates – disse ela.

Mencionou o nome da empresa e eu ri. Comera muitas barras de chocolate da família dela, muitas vezes antes de uma competição. Ela contou que a empresa fora fundada pelo avô, mas apressou-se em acrescentar que não se interessava por dinheiro.

Peguei o namorado dela de novo fazendo careta.

Ela estudava Filosofia na Connecticut College para Mulheres.

– Não é uma instituição de renome – ela disse, como quem pede desculpas. – Queria ir para a Smith, onde minha irmã já estuda, mas não consegui entrar.

– Parece que você não superou a rejeição – comentei.

– Não mesmo – disse ela.

– Rejeições nunca são fáceis – falei.

– Pode crer nisso.

A voz dela era peculiar. Pronunciava certas palavras de modo diferente, e eu não conseguia definir se era o sotaque de Maryland ou se ela tinha algum defeito na fala. De todo modo, era adorável.

Perguntou-me o que me fizera vir até o Japão, e expliquei-lhe que tinha vindo para salvar a minha empresa.

– A sua *empresa*? – ela repetiu. Evidentemente, devia estar pensando em todos os homens da família dela, fundadores de empresas, capitães de indústrias. Empreendedores.

– Isso – confirmei –, a minha empresa.

– E você... conseguiu? Você a salvou? – ela perguntou.

– Consegui – respondi.

– Todos os rapazes lá de casa estão estudando Administração – ela disse. – Todos têm planos de se tornarem *banqueiros*. – Revirou os olhos, acrescentando: – Todos fazem a mesma coisa... Que tédio.

– O tédio me assusta – comentei.

– Ah, isso porque você é um rebelde.

Parei de subir e enfiei o bastão na terra.

Eu, um rebelde? Meu rosto se aqueceu.

À medida que nos aproximávamos do topo, o caminho foi se estreitando. Mencionei que aquilo me lembrava da trilha que fiz para subir o Himalaia. Sarah e o namorado me encararam. O *Himalaia*?

Dessa vez, ela ficou impressionada mesmo, e ele, bem desanimado. Quando o topo tornou-se visível, a subida foi ficando mais traiçoeira, mais complicada. Ela procurou a minha mão.

– Os japoneses têm um ditado – o namorado gritou por cima do ombro, para nós, para todos: – *Um homem sábio sobe o Fuji uma vez. Um tolo o sobe duas.*

Ninguém riu, mas bem que eu quis. Lá no alto, chegamos a um portão *torii* de madeira. Sentamo-nos ao lado dele e esperamos. O ar estava estranho. Não tão escuro, tampouco claro. Em seguida, o Sol apareceu no horizonte. Contei a Sarah e ao namorado que os japoneses colocam os *toriis* em fronteiras com o sagrado, portais entre este mundo e o além.

– Onde você passa do profano para o sagrado – expliquei – encontrará um portão *torii*.

Sarah gostou disso. Contei-lhe que os mestres Zen acreditavam que as montanhas "flutuavam", mas que nem sempre percebemos o movimento com nossos sentidos limitados. E de fato, naquele momento, eu sentia o Fuji se movendo, como se estivéssemos surfando uma onda ao redor do mundo.

Ao contrário da subida, a descida não exigiu nenhum esforço e não demoramos nada. Na base, curvei-me e disse adeus a Sarah e ao ovo de Páscoa.

– *Yoroshiku ne*. Foi um prazer conhecê-los.

– Para onde você vai? – Sarah perguntou.

– Acho que vou ficar no Hakone Inn hoje à noite – respondi.

– Hum... – disse ela. – Que tal se a gente se encontrar amanhã?

Recuei um passo. Olhei para o namorado dela, que estava de cara fechada. Percebi, finalmente, que ele não era namorado dela. Feliz Páscoa!

Passamos dois dias no hotel rindo, conversando e nos apaixonando. Começando. Se ao menos aquilo nunca terminasse, dissemos, mas claro que tinha que terminar. Eu tinha que voltar para Tóquio, pegar um voo para casa, e Sarah estava determinada a seguir em frente, a conhecer o resto do Japão. Não fizemos planos de nos vermos novamente. Ela era um espírito livre, não acreditava em planos.

– Adeus – disse ela.

– *Hajimemashite* – disse eu. – Foi maravilhoso conhecê-la.

Horas antes de eu embarcar, parei em um escritório da American Express. Sabia que ela teria que parar ali também, em algum momento, para sacar dinheiro com o Pessoal das Barras de Chocolate. Deixei um recado para ela: *Você terá de voar por Portland para chegar à Costa Leste… Por que não vem me visitar?*

Na minha primeira noite em casa, durante o jantar, contei a boa notícia à minha família. Eu tinha conhecido uma garota.

Depois, contei a outra boa notícia. Eu salvara a empresa.

Então, virei-me e encarei minhas irmãs, que passavam metade do dia ao lado do telefone, esperando para atacar ao primeiro toque, e disse:

– O nome dela é Sarah. Por isso, se ela telefonar, por favor… sejam gentis.

Semanas mais tarde, quando voltei para casa depois de fazer algumas coisas, lá estava ela na minha sala de estar, sentada com a minha mãe e as minhas irmãs.

– Surpresa! – exclamou.

Recebera o meu recado e resolvera aceitar o convite. Telefonara do aeroporto e minha irmã, Joanne, atendera e mostrara para que servem as irmãs. Na mesma hora dirigiu para o aeroporto para buscar Sarah.

Eu ri. Nós nos abraçamos, sem jeito, com minha mãe e minhas irmãs observando.

– Vamos sair para caminhar – sugeri.

Peguei uma jaqueta no meu quarto e andamos na garoa até um parque cheio de árvores ali perto. Ela viu o Monte Hood ao longe e concordou que se parecia demais com o Fuji, o que nos levou a recordar.

Perguntei onde ela estava hospedada.

– Tolinho – ela respondeu.

Durante duas semanas, ela morou no quarto de hóspedes da casa de meus pais, como outro membro da família, o que passei a acreditar que talvez, um dia, ela fosse se tornar. Observei sem acreditar o modo como ela fascinava os não fascináveis Knight. Minhas irmãs superprotetoras, minha mãe tímida, meu pai autocrático, ninguém era páreo para ela. Especialmente meu pai. Quando ela apertou a mão dele, deve ter derretido algo em seu âmago. Talvez por ter crescido em meio ao Pessoal das Barras de Chocolate e seus amigos magnatas, ela tivesse o tipo de autoconfiança com que nos deparamos apenas uma ou duas vezes na vida.

Ela, com certeza, foi a única pessoa que conheci capaz de mencionar casualmente Babe Paley[6] e Hermann Hesse[7] numa mesma conversa. Ela admirava os dois. Mas especialmente Hesse. Ela escreveria um livro sobre ele um dia desses.

– É como diz Hesse – ela murmurou durante um dos jantares –, a felicidade é *como*, não *quando*.

Os Knight mastigavam a carne assada e tomavam leite.

– Muito interessante – disse meu pai.

Levei Sarah para a sede mundial da Blue Ribbon, no porão, e mostrei-lhe a minha operação. Presenteei-a com um par de Limber Ups, que ela usou quando passeamos de carro pelo litoral. Subimos o Monte Humbug, pescamos no litoral sinuoso e colhemos mirtilos

---

6 Apelido de Barbara Cushing Paley, editora de moda nos anos 1940, *socialite* e ícone da elegância norte-americana, cujo segundo marido foi o executivo William Paley, fundador da rede de televisão CBS. (N. T.)

7 Um dos mais importantes escritores alemães do século XX. (N. T.)

nos bosques. Debaixo de um abeto de vinte e cinco metros de altura, trocamos um beijo de mirtilos.

Quando chegou a hora de ela voltar para Maryland, senti-me desolado. Escrevia para ela dia sim, dia não. Minhas primeiras cartas de amor. *Querida Sarah, fico pensando em quando estive sentado ao seu lado junto ao portão torii.* Ela sempre respondia de pronto. Sempre expressava seu infinito amor.

Naquele Natal, em 1964, ela voltou. Dessa vez, fui buscá-la no aeroporto. A caminho de casa, ela me disse que tivera uma briga horrível antes de embarcar. Os pais a proibiram de vir. Não me aprovavam.

– Meu pai gritou – ela disse.

– O que ele disse? – perguntei.

Ela imitou a voz dele:

– Você não pode conhecer um rapaz no Monte Fuji que não terá nenhum futuro.

Fiz uma careta. Eu sabia que duas coisas pesavam contra mim, mas não sabia que escalar o Monte Fuji seria uma delas. O que haveria de errado em subir o Monte Fuji?

– Como você conseguiu vir? – perguntei.

– O meu irmão. Ele me ajudou a sair escondida de casa hoje cedo e me levou até o aeroporto.

Fiquei imaginando se ela me amava de verdade ou se só me enxergava como uma chance de ser rebelde.

Durante o dia, enquanto eu trabalhava nos negócios da Blue Ribbon, Sarah passava o tempo com a minha mãe. À noite, ela e eu íamos ao centro da cidade para jantar e tomar uns drinques. No fim de semana, esquiávamos no Monte Hood. Quando chegou a hora de ela voltar para casa, fiquei arrasado de novo.

Querida Sarah, sinto saudades. Eu te amo.

Ela respondia na mesma hora. Dizia que também sentia a minha falta. Que também me amava. Mas depois, com as chuvas de inverno, as cartas dela começaram a esfriar. Eram menos efusivas, ou eu assim as interpretava. Talvez fosse apenas a minha imaginação, dizia a mim mesmo, mas tinha que ter certeza. Liguei para ela.

Não havia sido imaginação. Ela disse que pensara bastante e que não tinha tanta certeza se éramos certos um para o outro. Ela não sabia se eu era sofisticado o bastante para ela. "Sofisticado" foi a palavra que ela usou. Antes que eu pudesse protestar, antes que pudesse negociar, ela desligou.

Peguei uma folha de papel e datilografei uma longa carta, suplicando-lhe que reconsiderasse.

Ela me respondeu com presteza. Não vendi meu peixe.

O novo carregamento de tênis chegou da Onitsuka. Mal conseguia me importar com isso. Passei semanas num limbo. Escondi-me no porão. Escondi-me na ala dos empregados. Deitava-me na cama e ficava olhando para as fitas azuis.

Apesar de não ter contado à minha família, eles sabiam. Não perguntaram detalhes. Não precisavam deles, nem os queriam.

Exceto a minha irmã Jeanne. Um dia, enquanto eu estava fora de casa, ela foi ao meu quarto e procurou as cartas de Sarah na minha escrivaninha. Mais tarde, quando cheguei em casa e fui para o porão, Jeanne foi até lá. Sentou-se no chão ao meu lado e disse que havia lido as cartas, todas elas, com muita atenção, chegando àquela com a última rejeição. Desviei o olhar.

– Você está melhor sem ela – Jeanne me consolou.

Meus olhos se encheram de lágrimas. Assenti, agradecendo. Sem saber o que dizer, perguntei a Jeanne se ela gostaria de trabalhar meio período para a Blue Ribbon. Eu estava atrasado no trabalho e a ajuda dela seria bem-vinda.

– Já que você se interessa tanto por cartas – disse rouco –, talvez goste de trabalhar como secretária. Um dólar e meio por hora?

Ela deu risada.

E, assim, a minha irmã se tornou a primeira funcionária da Blue Ribbon.

1965

No começo do ano, recebi uma carta de Jeff Johnson. Depois de nosso encontro por acaso na Occidental, eu lhe enviara um par de tênis Tiger como presente, e agora ele escrevia para contar que os calçara para experimentar em uma corrida. Disse que tinha gostado. Muito. E que outras pessoas também gostaram. Que o paravam na rua, apontavam para seus pés e perguntavam onde poderiam comprar tênis como aqueles.

Johnson contou que se casara desde que nos vimos e que já havia um bebê a caminho, por isso, estava procurando meios de ganhar um dinheiro extra, além daquele que ganhava como assistente social. Finalizou dizendo que os tênis Tiger pareciam ter mais apelo que os Adidas. Respondi a carta e lhe ofereci uma posição de "vendedor comissionado". Isso significava que eu lhe daria um dólar e setenta e cinco centavos para cada par de tênis de corrida vendido e dois dólares para cada par com solado de pinos. Eu estava começando a compor uma equipe de representantes de vendas para trabalhar meio período, e era esse o valor padrão que eu vinha oferecendo.

Ele me escreveu de volta, aceitando a oferta.

Então, as cartas não pararam. Pelo contrário, foram chegando cada vez mais. Em tamanho e em quantidade. A primeira tinha duas páginas. Depois quatro. Depois oito. A princípio, chegavam a cada poucos dias. Depois passaram a chegar mais rápido, e mais rápido, descendo pela caixa de correspondência como se fosse uma cascata, cada uma delas com o mesmo remetente: Caixa Postal 492, Seal Beach, CA 90740, até eu me perguntar por que, em nome de Deus, fui contratar aquele cara.

Eu gostava da energia, claro. E era complicado culpá-lo pelo seu entusiasmo. Mas comecei a me preocupar porque, talvez, ele tivesse energia e entusiasmo em excesso. Lá pela vigésima, ou vigésima quinta carta, comecei a considerar que o homem pudesse estar descontrolado. Fiquei imaginando o motivo de tudo ser tão urgente. Fiquei me perguntando se chegaria o dia em que as coisas urgentes que ele tinha a me perguntar chegariam ao fim. Fiquei imaginando se um dia ele ficaria sem selos.

Parecia que toda vez que um pensamento passava pela cabeça de Johnson, ele o escrevia e depois o enviava dentro de um envelope. Ele escreveu para me contar quantas vezes vendera os Tiger naquela semana. Ele escreveu para me contar quantos Tiger vendera naquele dia. Ele escreveu para me contar quem usara os Tiger em qual corrida escolar e em que lugar eles terminaram. Ele escreveu para me dizer que queria expandir seu território de vendas para além da Califórnia, incluindo o Arizona e, possivelmente, o Novo México. Ele escreveu para sugerir que abríssemos uma loja em Los Angeles. Ele escreveu para me contar que estava pensando em anunciar em revistas para corredores e perguntou o que eu achava disso. Ele escreveu para me informar que fizera o tal anúncio na revista para corredores e que a reação era boa. Ele escreveu para perguntar por que eu não havia respondido às suas cartas anteriores. Ele escreveu implorando palavras de incentivo. Ele escreveu para reclamar que eu não havia respondido à sua carta anterior em que pedia para ser encorajado.

Sempre me considerei um correspondente consciencioso. (Enviei incontáveis cartas e cartões-postais para casa durante a minha viagem ao redor do mundo. Escrevi com frequência a Sarah.) E sempre tive a intenção de responder às cartas de Johnson. Antes que conseguisse fazê-lo, porém, sempre chegava uma nova carta. Algo a respeito do volume da correspondência me deteve. Algo na sua carência me fazia querer não encorajá-lo. Muitas noites, eu me sentava diante da máquina de escrever Royal preta em meu escritório no porão, inseria uma folha e datilografava: Prezado Jeff. Em seguida, me dava um branco. Eu não sabia por onde começar, à qual das cinquenta perguntas responder primeiro, por isso, eu me levantava, ia cuidar de outros assuntos e, no dia seguinte, outra carta de Jeff chegava. Ou duas. Em pouco tempo, eu já estava atrasado três cartas, sofrendo com o meu bloqueio de escritor.

Pedi a Jeanne que cuidasse do "Arquivo Jeff". *Tudo bem*, ela respondeu.

Em menos de um mês ela me devolveu o arquivo, exasperada:

– Você não me paga o suficiente para isso!

Em algum momento, deixei de ler as cartas de Johnson até o fim. Mas, lendo trechos delas, fiquei sabendo que ele vendia Tiger em meio período e nos fins de semana, e que resolvera manter seu trabalho principal como assistente social no Condado de Los Angeles. Eu ainda não entendia isso muito bem. Johnson não me parecia ser uma pessoa preocupada com as outras. Na verdade, ele sempre me passara a impressão de ser um tanto misantropo, e essa era uma das coisas de que eu gostava nele.

Em abril de 1965, ele escreveu para contar que pedira demissão do seu trabalho principal. Disse que sempre o detestara e que a gota d'água fora uma mulher desamparada do Vale San Fernando. Contou-me que deveria ir visitá-la, porque ela havia ameaçado se matar, mas, antes, telefonou para perguntar "se ela pretendia se matar naquele mesmo dia", porque, se pretendesse, ele não iria perder nem tempo nem dinheiro indo até a casa dela. Obviamente, a mulher e os superiores de Johnson consideraram isso um sinal de que ele não se importava de fato com as pessoas. E ele não se importava *mesmo*. Na carta, Johnson me disse que, nesse momento, ele compreendeu a si e ao seu destino: a assistência social não era para ele. Ele não fora colocado na Terra para resolver problemas alheios. Preferia concentrar-se nos pés das pessoas.

Em seu íntimo, Johnson acreditava que os corredores eram os escolhidos de Deus; que correr, feito da maneira correta, na disposição correta e da maneira certa, era um exercício místico, não menos importante que a meditação e a oração; portanto, ele se sentia chamado a ajudar os corredores a atingir o seu nirvana. Eu fora cercado por corredores boa parte da vida, mas esse tipo de romantismo inocente jamais encontrei. Nem mesmo o Javé da corrida, Bowerman, era tão devoto ao esporte quanto o Funcionário de Meio Período Número Dois da Blue Ribbon.

Na verdade, em 1965, correr nem sequer era considerado um esporte. Não era popular nem impopular – apenas era. Sair para uma corrida de dez quilômetros era algo que os esquisitos faziam, presumidamente para amenizar estados de euforia excessiva. Correr por prazer, correr para se exercitar, correr por causa das endorfinas, correr para viver mais e melhor – ninguém falava dessas coisas.

As pessoas costumavam desviar-se de seu caminho só para caçoar dos corredores. Motoristas desaceleravam e buzinavam. "Arranja um cavalo!", gritavam, jogando uma lata de refrigerante ou qualquer outro lixo na cabeça do corredor. Johnson tomara muitos banhos de Pepsi. Ele queria mudar tudo isso. Ele queria ajudar todos os corredores oprimidos do mundo, levá-los à luz dos holofotes, recebê-los nos braços de uma comunidade. Portanto, talvez, no fim das contas, ele fosse um assistente social. A questão era que ele só queria prestar assistência a corredores.

Mais que tudo, Johnson queria ganhar a vida fazendo isso, o que era praticamente impossível em 1965. Mas ele acreditava que podia conseguir isso por meu intermédio e da Blue Ribbon.

Fiz o que pude para desencorajá-lo de pensar assim. A todo momento, tentava atenuar seu entusiasmo por mim e pela empresa. Além de não responder às suas cartas, eu nunca telefonei pra ele, nunca o visitei e nunca o convidei a vir ao Oregon. Também não perdi nenhuma oportunidade de lhe contar a verdade nua e crua. Em uma das minhas raras respostas às suas cartas, disse com franqueza: *Embora o nosso crescimento tenha sido bom, devo onze mil dólares ao First National Bank do Oregon... O fluxo de caixa está negativo.*

Ele me respondeu de imediato, perguntando se poderia trabalhar em período integral. *Quero ser capaz de me sustentar com os Tiger e, dessa forma, eu também teria oportunidade de fazer outras coisas, como correr, estudar, sem falar que eu seria meu próprio chefe.*

Balancei a cabeça. Eu digo ao homem que a Blue Ribbon está afundando como o Titanic e ele responde querendo uma cabina na primeira classe.

Então, pensei: *Se afundarmos, a miséria adora ter companhia.*

Por isso, no fim do verão de 1965 escrevi para Johnson e aceitei sua proposta de se tornar o primeiro funcionário em período integral da Blue Ribbon. Negociamos o salário por carta. Ele recebia quatrocentos e sessenta dólares por mês como assistente social, mas disse que conseguiria viver com quatrocentos. Concordei. Com relutância. A soma parecia exorbitante, mas Johnson era tão aéreo, tão distraído, e a Blue Ribbon estava tão frágil... De um modo ou de outro, imaginei que tudo aquilo seria temporário.

Como sempre, o contador em mim enxergava os riscos e o empreendedor, as possibilidades. Por isso, fiz a média e segui em frente.

Em seguida, parei de pensar em Johnson de uma vez por todas. Eu tinha problemas maiores naquele momento. Meu banqueiro estava desapontado comigo.

Depois de informar oito mil dólares em vendas no meu primeiro ano, eu projetara dezesseis mil no segundo, mas, de acordo com o meu banqueiro, isso era uma tendência preocupante.

– Um crescimento de cem por cento em vendas é algo *preocupante*? – perguntei.

– A sua taxa de crescimento é rápida demais para o seu patrimônio – ele respondeu.

– Como uma empresa pequena pode crescer rápido demais? Se uma empresa pequena cresce rápido, ela *aumenta* o seu patrimônio.

– O princípio é o mesmo, não importa o tamanho – ele disse. – O crescimento no seu balanço é perigoso.

– A vida é crescimento – argumentei. – Negócios são crescimento. Ou você cresce ou morre.

– Não é assim que enxergamos a questão.

– É o mesmo que dizer a um corredor que ele está correndo rápido demais...

– Alhos e bugalhos.

A sua cabeça está cheia de alhos e bugalhos, é o que eu queria responder. Aquilo era básico para mim. Vendas crescentes mais lucro mais crescimento ilimitado é igual a uma companhia de qualidade. Naqueles dias, porém, os bancos comerciais eram diferentes dos bancos de investimento. Sua visão míope limitava-se ao fluxo de caixa. Eles queriam que você nunca, jamais, ultrapassasse o seu saldo de caixa.

Repetidamente, eu tentava explicar o negócio dos calçados esportivos ao meu banqueiro. "Se não continuar crescendo", eu dizia, "eu não serei capaz de persuadir a Onitsuka de que sou o melhor homem para distribuir os seus produtos no Ocidente. E se eu não conseguir persuadir a Onitsuka de que sou o melhor, eles encontrarão outro cara para me substituir. E isso sem levar em conta a briga com o maior monstro que existe, que é a Adidas".

Meu banqueiro era inflexível. Diferentemente de Atena, ele não admirava meu olhar de persuasão.

"Senhor Knight", ele repetia vezes sem conta, "o senhor precisa desacelerar. O senhor não tem patrimônio suficiente para esse tipo de crescimento".

Patrimônio. Como eu começava a detestar essa palavra. Meu banqueiro a usara repetidas vezes, até isso se tornar um mantra que não saía da minha cabeça. Patrimônio – eu ouvia enquanto escovava os dentes pela manhã. Patrimônio – eu ouvia enquanto ajeitava o travesseiro à noite. Patrimônio. Patrimônio. Cheguei ao ponto em que me recusava a repetir a palavra em voz alta, porque não era uma palavra real, mas um jargão burocrático, um eufemismo para dinheiro vivo, o qual eu não tinha. E não tinha de propósito, porque todo dólar que não era gasto eu realocava ao negócio. Isso era ser radical demais?

Ter dinheiro parado não fazia nenhum sentido para mim. Claro, seria a coisa mais cuidadosa, conservadora, precavida a se fazer. Mas o acostamento estava repleto de empreendedores cuidadosos, conservadores e previdentes. Eu queria afundar o pé no acelerador.

De alguma forma, reunião após reunião, eu mordi a língua. Eu aceitava tudo o que o meu banqueiro dizia, mas depois fazia o que eu bem entendesse. Fazia mais um pedido à Onitsuka, dobrando o tamanho do pedido anterior, e aparecia no banco com ar de falsa inocência pedindo uma carta de crédito para cobrir o pagamento do pedido. Meu banqueiro sempre ficava chocado. "Você *quer QUANTO?*". E eu sempre fingia estar tão chocado quanto ele: "Pensei que você veria como isso é inteligente...". Eu desconversava, enrolava e negociava, até que ele acabava por aprovar o meu empréstimo.

Depois que vendia os tênis, rapidamente eu pagava o empréstimo e repetia tudo de novo. Fazia um pedido gigantesco junto à Onitsuka, dobrando o tamanho do pedido anterior, depois ia ao banco vestindo o meu melhor terno, com uma expressão angelical no rosto.

O nome do meu banqueiro era Harry White. Na casa dos cinquenta, simpático, com uma voz que lembrava um punhado de cascalho batendo em um liquidificador, ele não dava a impressão de querer ser banqueiro, e, em especial, não queria ser o *meu* banqueiro. Ele me herdara à revelia. Meu primeiro banqueiro fora Ken Curry, mas quando meu pai se recusou a ser o meu fiador, Curry logo ligou para ele.

– Cá entre nós, Bill, se a empresa do moleque falir, você o banca, certo?

– Claro que não! – meu pai respondeu.

Por isso, Curry decidira que não queria mais fazer parte dessa guerra mortal entre pai e filho e me passara para White.

White era vice-presidente do First National, mas seu título era enganador. Ele não tinha tanto poder. Os chefes dele estavam sempre à espreita, duvidando das suas decisões, e o chefe dos chefes era um homem chamado Bob Wallace. Era Wallace quem dificultava a vida de White e, consequentemente, a minha. Era Wallace quem tinha mania de patrimônio e desprezava o crescimento.

Com um corpo fortão, cara de assassino e barba por fazer, ao estilo Nixon, Wallace era dez anos mais velho que eu, mas, de alguma maneira, se considerava o garoto prodígio do banco. Também estava decidido a se tornar o próximo presidente da instituição, e enxergava todos os riscos de crédito como os principais obstáculos entre ele e seu objetivo. Não gostava de conceder crédito a ninguém, para nada, e com o meu saldo sempre girando próximo a zero, ele me via como um desastre prestes a acontecer. Uma temporada de baixa, uma reviravolta nas vendas, e eu estaria fora dos negócios, com o saguão do banco de Wallace tomado por pares de tênis não vendidos e o santo graal da presidência do banco escorrendo pelas suas mãos. Assim como Sarah no topo do Monte Fuji, Wallace me via como um rebelde, mas ele não achava que isso fosse um elogio. Pensando bem, no fim das contas, nem ela achou.

Claro, Wallace não dizia nada disso diretamente para mim. O recado era, com frequência, transmitido por White, seu intermediário. White acreditava em mim e na Blue Ribbon, mas me dizia a toda hora, com um triste meneio, que era Wallace quem tomava as decisões, que era Wallace quem assinava os cheques, e Wallace não era fã de Phil Knight. Pensei que fosse bastante adequado e revelador, acolhedor até, que White usasse essa palavra – "fã". Ele era alto, magro, um ex-atleta que adorava conversar sobre esportes. Não surpreendia que nos entendêssemos. Wallace, por sua vez, parecia que jamais colocara os pés em um ginásio esportivo. A menos, é claro, que fosse para retomar a posse de um equipamento.

Que doce satisfação seria dizer a Wallace onde ele poderia enfiar o "patrimônio", e depois sair batendo os pés e levar meus negócios para outro lugar. Mas em 1965 não havia outro lugar. O First National Bank era minha única alternativa na cidade e Wallace sabia disso. Na época, o Oregon era pequeno e só havia dois bancos no estado: o First National e o U.S. Bank. Esse último já me recusara. Se eu fosse expulso pelo primeiro, seria o meu fim. (Hoje você pode morar num estado e ter conta bancária em outro, sem nenhum problema, mas as regulações bancárias eram muito mais restritivas naquela época.)

E também não existia essa coisa de risco de capital. Um empreendedor jovem tinha poucos lugares aos quais recorrer, e esses lugares eram sempre administrados por guardiões avessos a riscos e com imaginação zero. Em outras palavras, banqueiros. Wallace era a regra, não uma exceção.

Para dificultar ainda mais as coisas, a Onitsuka estava sempre atrasando as entregas, o que significava menos tempo para vender e, consequentemente, menos tempo para ganhar dinheiro suficiente para pagar o meu empréstimo. Quando eu reclamava, a Onitsuka não respondia. Quando respondia, não esclarecia o meu dilema.

Repetidamente, eu tinha que enviar um telegrama urgente, perguntando sobre a localização do meu último pedido, e, em resposta, costumava receber outro telegrama com os dizeres enlouquecedoramente obtusos: *Mais alguns dias.* Era como ligar para a polícia numa emergência e a pessoa do outro lado atender com um bocejo.

Em razão de todos esses problemas, dado o futuro nebuloso da Blue Ribbon, resolvi buscar um emprego de verdade, algo seguro a que pudesse me apoiar quando tudo fosse pelos ares. No mesmo instante em que Johnson passou a devotar-se exclusivamente à Blue Ribbon, eu resolvi diversificar.

A essa altura eu já passara nos quatro exames de CPA. Por isso, enviei meus resultados e currículo para diversas firmas locais, fui entrevistado em três ou quatro e acabei contratado pela Price Waterhouse. Gostando ou não, eu oficial e irrevogavelmente era um contador. A minha declaração de imposto de renda daquele ano não listaria minha ocupação como autônomo nem como proprietário de um negócio ou empreendedor. Ela me identificaria como Philip H. Knight, Contador.

Na maioria dos dias, eu não me importava. Para começar, investia uma boa porção do meu salário na conta bancária da Blue Ribbon, aumentando o meu precioso patrimônio e impulsionando o saldo de caixa da empresa. E também, diferentemente da Lybrand, a filial da Price Waterhouse em Portland era de médio porte. Havia trinta contadores na equipe, contra os quatro da Lybrand, o que era muito melhor para mim.

O trabalho também se adaptava melhor a mim. A Price Waterhouse tinha uma grande variedade de clientes, um misto de empresas novas e de outras já estabelecidas, todas vendendo tudo o que se pudesse imaginar – madeira, água, energia, alimentos. Enquanto auditava essas empresas, vasculhando suas entranhas, despedaçando-as para montá-las novamente, eu também aprendia como elas sobreviviam, ou não. Como elas vendiam seus produtos, ou não. Como se metiam em apuros, como saíam deles. Eu anotava com atenção o que tornava as empresas bem ou malsucedidas.

Mais de uma vez, notei que a ausência de patrimônio era uma das principais causas que levavam à falência.

Os contadores costumavam trabalhar em equipes, e a Equipe-A era liderada por Delbert J. Hayes, o melhor contador do escritório – e de longe, o de caráter mais excêntrico. Com um metro e oitenta e oito de altura e quase cento e quarenta quilos, boa parte dos quais enclausurados em ternos muito baratos de poliéster, Hayes possuía muito talento, muita inteligência, muita paixão – e muito apetite. Nada lhe dava mais prazer do que abocanhar uma baguete gigante com uma bebida, ainda mais se pudesse fazer ambas as coisas enquanto avaliava um balancete.

Conheci outros contadores que sabiam lidar muito bem com números, que tinham jeito com números, mas Hayes nasceu para os números. Numa coluna de quatros, noves e dois sem nada de especial, ele via os elementos vitais da Beleza. Ele olhava para os números como os poetas olham para as estrelas, como os geólogos olham para as rochas. Deles, ele retirava canções dramáticas, verdades ancestrais. E previsões nefastas. Hayes conseguia usar os números para prever o futuro.

Dia após dia, eu observava Hayes fazer algo que nunca considerei possível: ele transformava a contabilidade em arte. O que significava que ele, e eu, e todos nós, éramos artistas. Era um pensamento maravilhoso, um pensamento nobre, que jamais me ocorrera.

Intelectualmente, sempre considerei os números belos. De algum modo, entendia que eles representavam um código secreto, que por trás de cada coluna de números jaziam as formas etéreas de Platão. Minhas aulas de contabilidade me ensinaram isso, mais ou menos. Assim como os esportes. Correr faz que você sinta um respeito ardente pelos números, porque você é o que os números dizem que você é, nada mais, nada menos. Se eu marcasse um tempo ruim numa corrida, poderiam existir motivos para tal – lesões, cansaço, um coração partido –, mas ninguém ligava para isso. Os meus números, no fim, eram tudo de que as pessoas se lembravam. Eu já vivera essa realidade, mas Hayes, o artista, me fez lembrar disso.

Infelizmente, cheguei a pensar que Hayes talvez fosse o tipo trágico de artista, aquele que se autossabota, um Van Gogh. Hayes se queimava todos os dias na empresa: vestia-se mal, era desleixado, tinha um comportamento excêntrico. Ele também sofria de uma variedade de fobias – altura, aranhas, insetos, espaços fechados – que podiam ser sem sentido para seus superiores e colegas.

Mas sua maior fobia era a dieta. A Price Waterhouse o teria transformado em sócio, sem hesitação, mas a empresa não conseguia deixar passar o seu excesso de peso. Não toleraria um sócio pesando cento e quarenta quilos. Mais do que tudo, devia ser esse fato infeliz que levava Hayes a comer tanto. Mas, qual fosse o motivo, ele comia bastante.

Na época do fechamento, ele recontava suas infindáveis histórias aos contadores mais novos. Falava sem parar, e alguns dos contadores o chamavam de Tio Remus.[8] Eu nunca fiz isso. Nunca revirei os olhos para as histórias de Hayes. Cada uma delas continha uma pérola de sabedoria sobre negócios – o que fazia as empresas darem certo, o que os livros de uma empresa de fato *significavam*.

Não ajudava muito o fato de, além de ser um soldado raso no Exército de Hayes, eu ainda servir na Reserva. (Um compromisso de sete anos.) Às terças à noite, das sete às dez, eu tinha que virar uma chave no meu cérebro e me tornar o primeiro-tenente Knight. A minha unidade era composta de estivadores, e muitas vezes éramos colocados no distrito dos armazéns, à distância de alguns campos de

8 Tio Remus é o personagem-título fictício e narrador de uma coleção de contos afro-americanos adaptados e compilados por Joel Chandler Harris, publicados em forma de livro em 1881. (N. T.)

futebol de onde eu buscava os carregamentos da Onitsuka. Na maioria das noites, meus homens e eu carregávamos e descarregávamos navios, fazíamos manutenção em jipes e caminhões. Em muitas noites apenas nos exercitávamos. Flexões, barra fixa, abdominais, corrida. Lembro-me de certa noite em que conduzi minha companhia numa corrida de doze quilômetros. Mantive um ritmo arrasador e fui aumentando aos poucos, exaurindo a mim e a meus homens. Depois daquilo, ouvi um soldado arfante dizer a outro, baixinho:

– Eu estava prestando bastante atenção à cadência do Tenente Knight. Não o ouvi inspirar fundo nem uma vez!

Esse talvez tenha sido o meu único triunfo de 1965.

Algumas terças à noite na Reserva eram destinadas à sala de aula. Instrutores nos contavam sobre estratégia militar, o que eu considerava muito interessante. Os instrutores, muitas vezes, começavam as aulas dissecando alguma batalha famosa do passado, mas, invariavelmente, acabavam no tópico atual do Vietnã. O conflito estava ficando mais quente. Os Estados Unidos estavam sendo atraídos para ele, inexoravelmente, como se por um ímã.

Eu passara a odiar essa guerra. Não só por sentir que era errada, mas também por considerá-la estúpida, um desperdício. E eu odiava estupidez. Odiava desperdício. Acima de tudo, aquela guerra, mais que as outras, parecia seguir as mesmas regras do meu banco. Não lute para vencer, mas para evitar perder. Uma estratégia certeira para o fracasso.

De vez em quando, Hayes pegava a estrada para visitar clientes por todo o estado do Oregon, e eu muitas vezes o acompanhei nessas turnês. De todos os seus contadores juniores, eu devo ter sido o seu favorito, ainda mais quando viajávamos.

Numa dessas viagens, contei a Hayes sobre a Blue Ribbon. Ele viu potencial na empresa. Também viu ruína. "Os números", disse ele, "não mentem".

– Começar uma empresa com essa economia? E uma empresa de calçados, com zero de saldo de caixa? – ao dizer isso, Hayes largou-se no banco e balançou a cabeleira.

Por outro lado, disse ele, eu tinha uma coisa a meu favor: Bowerman. Um sócio que era uma lenda, e esse era um ativo para o qual era impossível designar um valor.

Além do mais, o meu ativo estava crescendo em valor. Bowerman fora ao Japão para as Olimpíadas de 1964, para apoiar os membros da equipe de atletismo dos Estados Unidos que ele treinara. (Dois de seus corredores, Bill Dellinger e Harry Jerome, foram medalhistas.) E, depois dos Jogos, Bowerman mudou de posição e se tornou o embaixador da Blue Ribbon. Ele e a senhora Bowerman – cuja conta do Clube de Natal providenciara os quinhentos dólares iniciais que Bowerman me dera para formarmos a nossa sociedade – visitaram a Onitsuka e encantaram a todos no prédio.

Receberam um acolhimento real, um *tour* VIP pela fábrica, e Morimoto até os apresentara ao senhor Onitsuka. Os dois velhos leões, claro, se identificaram. Ambos, afinal, tinha a mesma natureza tendo sido moldados pela mesma guerra. Ambos ainda encaravam a vida como se ela fosse uma batalha. O senhor Onitsuka, contudo, tinha a tenacidade distinguível dos derrotados, o que impressionou Bowerman. O senhor Onitsuka contou a Bowerman que fundara a empresa de calçados nas ruínas do Japão, quando as grandes cidades ainda fumegavam em razão dos bombardeios norte-americanos. Fizera seus primeiros moldes para uma linha de tênis de basquete despejando cera quente das velas destinadas a Buda sobre os próprios pés. Apesar de os tênis de basquete não terem vendido, o senhor Onitsuka não desistiu. Simplesmente passou para os tênis de corrida, e o resto se tornou história. Todos os corredores dos Jogos de 1964 no Japão, Bowerman me contou, usaram Tiger.

O senhor Onitsuka também contara a Bowerman que a inspiração para as solas únicas dos Tiger viera enquanto ele comia sushi. Olhando para o prato de madeira, para a parte de baixo de um tentáculo de polvo, ele pensou que uma ventosa semelhante poderia funcionar na sola de um tênis de corrida. Bowerman registrou essa informação. Ele aprendeu que a inspiração vinha das coisas cotidianas. Coisas que você pode comer. Ou encontrar largadas pela casa.

De volta ao Oregon, Bowerman passou a se corresponder alegremente com seu novo amigo, o senhor Onitsuka, e com toda a equipe de produção da fábrica Onitsuka. Ele lhes enviou toneladas de ideias novas e sugestões de modificações para os produtos. Embora todas as pessoas sejam iguais sob a pele, Bowerman passou a acreditar que nem todos os pés eram criados iguais. Americanos têm corpos diferentes dos japoneses – mais pesados, mais altos –, portanto, os americanos precisavam de sapatos diferentes. Depois de dissecar uma dúzia de pares de Tiger, Bowerman viu como eles podiam ser customizados para atender aos clientes americanos. Com esse objetivo em mente, ele produziu um punhado de anotações, esboços, desenhos, todos enviados para o Japão.

Infelizmente, assim como eu, ele também descobriu que não importava quanto você se entendesse pessoalmente com uma pessoa da equipe da Onitsuka, as coisas ficavam diferentes depois que você atravessasse o Pacífico. A maioria das cartas de Bowerman ficou sem resposta. Quando havia uma resposta, ela era obscura, enigmática ou uma recusa brusca. Eu lamentava ao pensar que os japoneses estavam tratando Bowerman como eu tratava Johnson.

Mas Bowerman não era eu. Ele não sofria com rejeições. Assim como Johnson, quando suas cartas não eram respondidas, ele simplesmente escrevia mais. Com mais palavras sublinhadas, com mais pontos de exclamação.

Tampouco esmorecia em seus experimentos. Ele continuou desmontando pares de Tiger, continuou a usar os rapazes de suas equipes de corrida como cobaias. Na temporada de corridas de outono de 1965, elas tiveram dois resultados para Bowerman. O resultado do desempenho de seus corredores e o do desempenho dos tênis deles. Bowerman observava quais tipos de arcos se levantavam, quais solas aderiam ao piso, como os dedos se encolhiam, como o peito do pé flexionava. Depois disso, ele enviava por carta as anotações e seus achados para o Japão.

No fim, ele acabou vencendo. A Onitsuka fez protótipos de acordo com a visão de Bowerman para os americanos. Palmilha mais macia, mais suporte para o arco, cunha no calcanhar para reduzir o estresse no tendão de Aquiles – eles enviaram os protótipos para Bowerman e ele enlouqueceu. Pediu mais. Distribuiu esses tênis experimentais para todos os seus corredores, que os usaram para acabar com os rivais.

Um pouco de sucesso sempre subia à cabeça de Bowerman, da melhor das maneiras. Mais ou menos na mesma época, ele também testava elixires esportivos, poções mágicas e pós que dariam aos seus corredores mais energia e mais resistência. Quando eu estava na sua equipe, ele sempre falou da importância de repor o sal e os eletrólitos em um atleta. Ele me forçara, e aos outros, a engolir uma poção inventada por ele, uma gosma de bananas amassadas, limonada, chá, limão e muitos outros ingredientes sem nome. Agora, enquanto mexia nos tênis, ele também brincava com essa receita de bebida, tornando seu gosto pior e sua funcionalidade, melhor. Só anos mais tarde é que percebi que Bowerman estava tentando inventar o Gatorade.

Em seu "tempo livre", ele gostava de investigar a superfície do Hayward Field.[9] Hayward era um solo sagrado, fundamentado na tradição, mas Bowerman não acreditava em deixar que as tradições

9 Estádio de atletismo localizado no campus da Universidade de Oregon que recebe importantes eventos de corrida. (N. T.)

o segurassem. Toda vez que chovia, o que acontecia toda hora em Eugene, as pistas cinzas do Hayward se transformavam em Canais Venezianos. Bowerman acreditava que algum material mais emborrachado seria mais fácil de secar, de varrer, de limpar. Ele também achava que seria mais benevolente com os pés dos corredores. Por isso, ele comprou uma betoneira, encheu-a com pneus velhos furados e rasgados e uma variedade de produtos químicos, e passou horas procurando a consistência e a textura corretas. Mais de uma vez ele acabou ficando doente por inalar a fumaça tóxica desse fermentado de bruxa. Dores de cabeça lancinantes, um manquejar pronunciado, perda de visão – esses foram alguns dos efeitos permanentes do perfeccionismo dele.

Mais uma vez, demorei anos até perceber o que Bowerman de fato estava aprontando. Ele estava tentando inventar o poliuretano.

Um dia, perguntei-lhe como conseguia fazer tudo aquilo caber num dia de vinte e quatro horas. Treinar, viajar, experimentar, ter uma família. Ele grunhiu, como quem dizia: *isso não é nada.* E depois me contou baixinho que, além de tudo isso, também estava escrevendo um livro.

– Um livro? – perguntei.

– Sobre como correr – ele disse bruscamente.

Bowerman sempre repetia que as pessoas erravam ao pensar que apenas os olimpianos da elite eram atletas. Todos são atletas, ele dizia. Se você tem um corpo, você é um atleta. Com isso ele estava determinado a fazer com que um grande público entendesse seu ponto de vista. O público leitor.

– Parece interessante – eu disse, mas pensei que meu velho treinador tivesse perdido um parafuso. Quem iria querer ler um livro sobre corrida?

1966

À medida que o meu contrato com a Onitsuka se aproximava do fim, passei a verificar a correspondência todos os dias, na esperança de receber uma carta dizendo que queriam renová-lo. Ou que não queriam. Seria um alívio ter qualquer notícia. Claro, eu também tinha esperanças de receber uma carta de Sarah, dizendo que mudara de ideia. E, como sempre, estava preparado para receber uma carta do banco dizendo que meus negócios já não eram mais bem-vindos lá.

Mas, todos os dias, as únicas cartas que chegavam eram as de Johnson. Assim como Bowerman, o camarada não dormia. Nunca. Eu não encontrava outro motivo para sua corrente infindável de correspondências, sendo que a maioria era sem sentido. Juntamente com muitas informações desnecessárias para mim, uma típica carta escrita por Johnson incluía diversas digressões entre parênteses e também uma ou outra piada.

Também podia trazer algum desenho feito à mão. E também alguma letra de música.

Às vezes, havia um poema.

Datilografadas com violência na máquina de escrever, acabavam trazendo marcas de Braille nas folhas finas. Muitas das cartas de Johnson continham algum tipo de história. Talvez "parábola" seja a palavra certa. Contavam como Johnson vendera um par de Tiger para certa pessoa, que, na verdade, tinha potencial para comprar X pares a mais, e, por conta disso, ele planejava... Como Johnson perseguira o treinador de uma escola a ponto de, em vez de vender-lhe os *seis* pares que pretendia, acabou vendendo *uma dúzia*, o que servia para mostrar que...

Muitas vezes, Johnson descrevia em detalhes excruciantes o último anúncio que fizera ou que pretendia colocar nas páginas da revista *Long Distance Log* ou da *Track & Field News*. Ou descrevia a fotografia de um Tiger que incluíra no anúncio. Ele improvisara um estúdio fotográfico em sua casa e ajeitava o tênis em poses sedutoras no sofá, tendo um suéter preto como pano de fundo. Eu simplesmente não entendia o motivo de colocar anúncios em revistas lidas exclusivamente por *nerds* corredores. Também não entendia o sentido de fazer propaganda e ponto. Mas Johnson parecia estar se divertindo e jurava que os anúncios funcionavam, por isso, tudo bem, longe de mim querer detê-lo.

A típica carta de Johnson, invariavelmente, se encerrava com um lamento, sarcástico ou absolutamente direto, sobre a minha incapacidade de responder sua carta anterior. E a de antes dessa etc. Em seguida, haveria um P.S. e normalmente outro P.S., e, às vezes, uma sequência de P.S. Por fim, uma última súplica para que lhe enviasse palavras de incentivo, as quais jamais mandei. Eu não tinha tempo para palavras de incentivo. Além disso, esse não era o meu estilo.

Olho para trás, agora, e me pergunto se eu estava sendo verdadeiramente eu ou se tentava imitar Bowerman, meu pai, ou ambos. Será que adotei o comportamento de um homem de poucas palavras? Será que estava me espelhando no modelo de todos os homens que eu admirava? Na época, eu lia tudo que pudesse a respeito de generais, samurais, xoguns, além de biografias dos meus três heróis principais: Churchill, Kennedy e Tolstói. Eu não gostava de violência, mas era fascinado por liderança, ou pela sua ausência, sob condições extremas. A guerra era a mais extrema das condições, mas os negócios tinham seu paralelo bélico. Alguém, em algum lugar, uma vez disse que os negócios são uma guerra sem balas, e eu tendia a concordar com isso.

E não era o único. Ao longo da história, homens olharam para o guerreiro como um modelo da virtude primordial de Hemingway, a beleza pressurizada. (O próprio Hemingway escreveu a maior parte de *Paris é uma festa* enquanto fitava a estátua do marechal Ney, o comandante favorito de Napoleão.) Uma lição que aprendi de todo esse meu estudo particular sobre os heróis é que eles não falavam muito. Nenhum era tagarela. Nenhum era controlador. *Não diga às pessoas como quer que elas façam as coisas, diga-lhes o que fazer e deixe-as surpreendê-lo com os resultados.* Por isso, não respondia a Johnson e não o incomodava. Tendo dito a ele o que fazer, tive esperanças de que me surpreendesse.

Talvez com o silêncio.

Um mérito de Johnson foi que, apesar de ansiar por mais comunicação, ele jamais deixou que a falta dela o desencorajasse. Muito pelo contrário, isso o motivava. Eu não lhe fornecia orientações detalhadas, ele reconheceu que não era esse o meu estilo e, embora gostasse de reclamar (para mim, para a minha irmã, para os amigos em comum), ele percebia que meu modo de gerenciamento lhe dava liberdade. Podendo fazer o que bem quisesse, ele reagia com criatividade e energia ilimitadas. Trabalhava sete dias por semana, vendendo e promovendo a Blue Ribbon, e quando não estava vendendo ele construía, de maneira sólida como um castor fazendo seu dique, seu arquivo de dados dos clientes.

Cada cliente tinha uma ficha e cada ficha continha informações pessoais daquele cliente, além do tamanho e da preferência de calçado esportivo. Esse banco de dados permitia que Johnson mantivesse contato com todos os seus clientes o tempo todo, fazendo com que eles se sentissem especiais. Ele lhes enviava cartões de Natal, cartões de aniversário, bilhetes de cumprimentos depois de eles terem completado uma corrida importante ou uma maratona. Toda vez que recebia uma carta de Johnson, eu sabia que aquela era apenas uma de uma dúzia que ele postara naquele dia. Ele tinha centenas e centenas de clientes-correspondentes de todos os espectros da humanidade, desde corredores das pistas dos colégios até corredores octogenários de fins de semana. Muitos, depois de tirarem mais uma carta da caixa de correio, devem ter pensado o mesmo que eu: "Como esse cara tem tempo para isso?".

Ao contrário de mim, contudo, muitos dos clientes passaram a contar com as cartas de Johnson. A maioria as respondia. Contavam-lhe a respeito de suas vidas, de seus problemas, de suas lesões, e Johnson os consolava e aconselhava com generosidade. Especialmente a respeito de lesões. Poucos, nos anos 1960, sabiam alguma coisa a respeito de lesões decorrentes da corrida ou de lesões provocadas por esportes de modo geral; portanto, as cartas de Johnson muitas vezes traziam informações que seriam impossíveis de encontrar em qualquer outro lugar. Fiquei ligeiramente preocupado em relação a questões de responsabilidade. Eu também me questionava se um dia receberia uma carta informando que Johnson alugara um ônibus e levara todos os seus clientes a um médico.

Alguns clientes forneciam informações sobre os Tiger por iniciativa própria, por isso, Johnson começou a agregar esse *feedback* dos clientes, usando-o para criar esboços de novos modelos. Um homem, por exemplo, reclamou que os Tiger não tinham amortecimento suficiente. Ele desejava correr a Maratona de Boston, mas não acreditava que os Tiger conseguissem chegar ao fim dos quarenta e dois mil, cento e noventa e cinco metros. Então, Johnson contratou um sapateiro local para enxertar solas de sandálias de borracha em um par de Tiger. E *voilà*. O Frankenstein de Johnson tinha amortecimento completo na entressola. (Hoje isso é padrão em todos os tênis de corrida.) A sola modificada de Johnson era tão dinâmica, tão macia, tão inovadora, que o seu cliente marcou um recorde pessoal em Boston. Ele me enviou os resultados e incitou-me a repassar a informação à fábrica. Bowerman me pedira para fazer o mesmo com a sua nova leva de anotações algumas semanas antes. *Meu Deus*, pensei, *um gênio maluco de cada vez*.

De vez em quando, eu fazia uma anotação mental: devo prevenir Johnson quanto à sua lista crescente de correspondentes. A Blue Ribbon deveria se ater aos treze estados do Oeste e o Funcionário em Tempo Integral Número Um não estava fazendo isso. Johnson tinha clientes em trinta e sete estados, inclusive na Costa Leste, que era território do cowboy. O cowboy não estava fazendo nada com o seu território, por isso, as incursões de Johnson pareciam inócuas, mas não queríamos provocar o homem.

Ainda assim, nunca cheguei a transmitir as minhas preocupações a Johnson. Como de costume, não lhe disse nada.

No início do verão, resolvi que o porão da casa dos meus pais já não era grande o bastante para servir de sede da Blue Ribbon. E que o quarto dos empregados já não era grande o bastante para mim. Aluguei um apartamento de um dormitório no centro da cidade, em um prédio novo e elegante. O aluguel custava duzentos dólares, o que me parecia bastante caro, mas, caramba… eu merecia. Também aluguei alguns itens essenciais: mesa, cadeiras, cama *king-size*, sofá verde-exército, e tentei organizá-los com alguma elegância. Não ficou lá grande coisa, mas não me importei, porque a minha mobília de verdade eram os sapatos. Meu primeiro apartamento de solteiro estava forrado de sapatos, do chão ao teto.

Pensei em não informar meu novo endereço a Johnson. Mas informei.

Evidentemente, a minha nova caixa de correspondências começou a se encher de cartas. Remetente: Caixa Postal 492, Seal Beach, CA, 90740.

Nenhuma delas foi respondida.

Mas, então, Johnson me escreveu duas cartas às quais não pude ignorar. Na primeira, informava que também estava se mudando – ele e a esposa tinham se separado e ele planejava ficar em Seal Beach, mas num pequeno apartamento de solteiro. Dias mais tarde, escreveu para dizer que sofrera um acidente de carro.

Aconteceu bem cedo, numa manhã em algum lugar ao norte de San Bernardino. Ele, claro, estava a caminho de uma corrida, e pretendia tanto correr quanto vender Tiger. Acabara adormecendo ao volante, escreveu, e, quando acordou, ele e seu Fusca 1956 estavam capotados. Havia batido na mureta de proteção entre as pistas, capotou e foi lançado para fora do carro pouco antes de ele cair pelo aterro. Quando o corpo de Johnson por fim parou de tremer, ele estava de costas, olhando para o céu, com a clavícula, um pé e a cabeça rachados.

Disse ele que a cabeça, na verdade, estava vazando.

Mas o pior é que, como recém-divorciado, ele não tinha ninguém que cuidasse dele durante sua convalescença.

Faltava pouco para o pobre virar tema de uma música *country*.

A despeito das recentes calamidades, Johnson continuava animado. Ele me garantiu, numa sucessão de cartas em que narrava sua recuperação, que vinha mantendo suas obrigações. Arrastava-se no novo apartamento, preenchendo pedidos, enviando tênis, correspondendo-se com os clientes. Um amigo lhe trazia a correspondência, portanto, eu não tinha com que me preocupar: a Caixa Postal 492 ainda estava completamente funcional. Depois, acrescentou que, por ter que pagar pensão alimentícia para a ex-esposa e o filho, sem falar nas contas médicas incalculáveis, ele precisava me perguntar a respeito das perspectivas de longo prazo da Blue Ribbon. Como eu enxergava o futuro?

Não menti… exatamente. Talvez por pena, talvez assombrado pela imagem de Johnson solteiro, solitário, com o corpo todo engessado, tentando manter a si próprio e à minha empresa vivos, tentei ser otimista. Eu disse que a Blue Ribbon, provavelmente, se transformaria numa empresa de artigos esportivos em geral ao longo dos anos. Que talvez viéssemos a ter escritórios na Costa Oeste e que um dia, quem sabe, no Japão. *Algo improvável*, escrevi, *mas pode valer a pena tentar.*

Essa última linha foi absolutamente verdadeira. Valia a pena tentar. Se a Blue Ribbon fracassasse, eu não teria dinheiro algum e acabaria falido também, mas teria uma sabedoria bem valiosa, que poderia ser aplicada no negócio seguinte. Sabedoria parecia um ativo intangível, mas, ainda assim, era um ativo, um que justificava os riscos. Começar meu próprio negócio era a única coisa que tornava os outros riscos na vida – casamento, Vegas, luta com jacarés – parecerem certos. Mas a minha esperança era de que, quando eu fracassasse, se fracassasse, isso fosse algo rápido; portanto, ainda teria tempo suficiente, anos o bastante, para implementar todas as lições aprendidas a duras penas. Eu não era dado a estabelecer objetivos, mas esse surgia na minha mente todos os dias, até se tornar um mantra interno: *fracasse rápido.*

Finalizando a carta, eu disse a Johnson que, se ele vendesse três mil duzentos e cinquenta pares de Tiger até o fim de junho de 1966 – algo absolutamente impossível, segundo meus cálculos –, eu o autorizaria a abrir a loja que tanto queria. Cheguei a colocar um P.S. no fim, que eu sabia que ele devoraria como um doce. Lembrei-o de que, como ele estava vendendo tantos tênis num ritmo tão rápido, seria bom ele procurar um contador. Alertei-o ainda de que deveria ficar atento ao imposto de renda.

Ele me respondeu com um agradecimento sarcástico a respeito do conselho sobre o imposto. Ele não declararia porque "a receita bruta foi de um mil, duzentos e nove dólares, enquanto as despesas totalizaram um mil, duzentos e quarenta e cinco dólares". Com a perna fraturada e o coração partido, ele me contou que também estava quebrado. E escreveu no fim: *Por favor, me escreva palavras de incentivo.*

Não escrevi.

De alguma forma, Johnson chegou ao número mágico. Ao fim de junho, havia vendido três mil duzentos e cinquenta pares de Tiger. E estava novinho em folha. Portanto, ele me cobrava a minha parte do acordo. Antes do Dia do Trabalho,[10] ele assinou o aluguel de um espaço na Pico Boulevard 3107, em Santa Monica, e abriu nossa primeira loja.

Em seguida, dispôs-se a transformar a loja em uma meca, num lugar sagrado para os corredores. Comprou as cadeiras mais confortáveis que pôde encontrar (em brechós) e criou um espaço lindo onde corredores podiam passar o tempo e conversar. Construiu prateleiras e encheu-as com livros que todo corredor deveria ler, muitos dos quais primeiras edições de sua biblioteca particular. Cobriu as paredes com fotos de corredores usando Tiger e expôs uma coleção de camisetas com Tiger escrito em *silkscreen*, as quais ele usava para presentear seus melhores clientes. Também colocou os Tiger numa parede pintada de preto, iluminados por lâmpadas embutidas – tudo muito moderno. Em nenhum lugar do mundo se encontrava um santuário como aquele para os corredores, um lugar que não apenas vendia tênis, mas no qual os corredores e seus calçados eram celebrados. Johnson, o líder aspirante do culto aos corredores, finalmente tinha a sua igreja. As missas aconteciam de segunda a sábado, das nove às seis.

Quando me escreveu sobre a loja, pensei nos templos e nos santuários que visitei na Ásia, por isso, fiquei ansioso para ver como era o de Johnson, mas eu não tinha tempo. Com as minhas horas de trabalho na Price Waterhouse, o tempo que eu passava com Hayes, as minhas noites e fins de semana cuidando dos detalhes ligados à Blue Ribbon e as minhas catorze horas mensais como soldado da Reserva, eu estava esgotado.

---

10 Nos Estados Unidos, o dia do trabalho é comemorado na primeira segunda-feira de setembro. (N. T.)

Mas, então, Johnson me escreveu uma carta fatídica, e eu não tive escolha. Peguei um avião.

Os clientes que se correspondiam com Johnson agora chegavam às centenas. Um deles, um estudante de Long Island, lhe escrevera e, sem querer, revelara notícias preocupantes. Na carta, o garoto dizia que, recentemente, seu treinador de atletismo comentara que iria comprar Tiger de uma fonte diferente... de um treinador de luta marcial em Valley Stream ou Massapequa ou Manhasset.

O cowboy da Costa Leste estava de volta. Até mesmo colocara um anúncio de alcance nacional na *Track & Field*. Enquanto Johnson vinha caçando na Costa Leste, o cowboy da Costa Leste vinha caçando em nosso terreno. Johnson fizera todo aquele trabalho maravilhoso, construíra uma enorme base de clientes, disseminara a fama dos Tiger com sua incansável campanha de marketing, e agora o cowboy pretendia lucrar com isso?

Não sei bem por que embarquei no voo seguinte para Los Angeles. Eu poderia ter telefonado. Talvez, assim como os clientes de Johnson, eu precisasse daquela sensação de comunidade, mesmo que a comunidade fosse de apenas dois.

A primeira coisa que fizemos foi sair para uma corrida longa e exaustiva pela praia. Em seguida, compramos pizza e a levamos ao apartamento, que era o padrão para um solteiro, só que pior. Minúsculo, escuro e desprovido de móveis, fez com que eu me lembrasse de alguns dos albergues modestos em que fiquei durante a minha viagem ao redor do mundo.

Claro que havia alguns toques característicos de Johnson, como tênis por toda a parte. Pensei que o meu apartamento estivesse cheio de calçados, mas Johnson basicamente morava dentro de um tênis de corrida. Havia tênis em todos os cantos, espalhados em todas as superfícies, a maioria em algum estado de desconstrução.

Os poucos espaços que não estavam tomados por tênis estavam cheios de livros e mais livros, empilhados em prateleiras improvisadas, tábuas ásperas e blocos de concretos. E Johnson não lia lixo. Sua coleção era composta basicamente de volumes grossos sobre filosofia, religião, sociologia, antropologia e os clássicos da literatura ocidental. Eu achava que amava ler, mas Johnson estava em outro nível.

O que me chamou mais a atenção foi uma sinistra luz violeta que impregnava o ambiente. Sua fonte era um aquário de água salgada de duzentos e oitenta litros. Depois de abrir um espaço para mim no sofá, Johnson deu um tapinha no tanque e explicou que a maioria dos caras recém-divorciados gostava de sair para conhecer novas pessoas, mas ele preferia passar as noites debaixo do píer de Seal Beach, procurando peixes raros. Ele os capturava com algo chamado "pistola de sucção", que balançou debaixo do meu nariz. Parecia o primeiro protótipo de um aspirador de pó. Perguntei-lhe como funcionava e ele explicou que bastava enfiar o bocal na água, sugar o peixe pelo tubo de plástico até uma pequena câmara e, então, jogá-lo num balde e levá-lo para casa.

Ele conseguira juntar uma grande variedade de criaturas exóticas – cavalos-marinhos, percas com olhos de opala –, que me mostrou com orgulho. E apontou para a joia da sua coleção: um polvo bebê que batizara de Stretch.

– Falando nisso – disse Johnson –, está na hora da comida.

Enfiou a mão num saco de papel e tirou um caranguejo vivo.

– Venha, Stretch – disse ele, balançando o caranguejo acima do tanque.

O polvo não se mexeu. Johnson depositou o caranguejo, que retorceu as patinhas até o fundo do tanque coberto de areia. E, ainda assim, Stretch não reagiu.

– Ele morreu? – perguntei.

– Espera só – Johnson respondeu.

O caranguejo saracoteava para a direita e para a esquerda, em pânico, procurando um esconderijo. No entanto, não havia nenhum ali. E Stretch sabia disso. Depois de alguns minutos, algo emergiu lentamente sob a carenagem do polvo. Uma antena ou um tentáculo. Ele se desenrolou na direção do caranguejo e deu um tapinha de leve na sua carapaça. Alguém em casa?

– Stretch acabou de injetar veneno no caranguejo – Johnson explicou, como um pai orgulhoso.

Observamos o caranguejo lentamente parar de dançar até parar de se mover por completo. Observamos Stretch envolver sua antena-tentáculo com gentileza ao redor do caranguejo e arrastá-lo para o seu covil, um buraco que ele cavara na areia atrás de uma pedra grande.

Foi um espetáculo um tanto mórbido. Uma peça Kabuki sombria, estrelada por uma vítima ignorante e um monstro marinho minúsculo. Seria um sinal, uma metáfora para o nosso dilema? Um ser vivo sendo comido por outro? Assim era a natureza, com suas unhas e dentes, e eu não conseguia deixar de pensar se essa também seria a história da Blue Ribbon e do cowboy da Costa Leste.

Passamos o resto da noite sentados à mesa da cozinha de Johnson, repassando a carta do informante de Long Island. Ele a leu em voz alta, depois eu a li em silêncio, e depois debatemos o que fazer.

– Vá para o Japão – Johnson disse.

– Como assim?

– Você tem que ir – ele afirmou. – Conte a eles todo o trabalho que fizemos. Exija os seus direitos. Acabe com esse cowboy de uma vez por todas. Assim que ele começar a vender tênis de corrida, quando começar de vez, aí não vai ter mais jeito. Ou estabelecemos um limite agora ou já era.

Eu acabara de voltar do Japão, disse a ele, e não tinha dinheiro para ir novamente. Coloquei todas as minhas reservas na Blue Ribbon e não poderia pedir outro empréstimo a Wallace. Só de pensar nisso eu ficava enjoado. E também não tinha tempo. A Price Waterhouse concedia duas semanas de férias por ano – a menos que você precisasse dessas duas semanas para a Reserva, que era o meu caso. Sendo assim, eles lhe davam uma semana a mais. Que eu já usara.

– Não adianta – eu disse a Johnson. – O relacionamento do cowboy com a Onitsuka antecede o meu.

Destemido, Johnson pegou a máquina de escrever, aquela que ele usava para me torturar, e começou a rascunhar anotações, ideias, listas, que depois transformaria num manifesto para ser entregue aos executivos da Onitsuka. Enquanto Stretch acabava de comer o caranguejo, nós mastigávamos nossa pizza e confabulávamos noite adentro.

De volta ao Oregon na tarde seguinte, fui direto falar com o gerente do escritório da Price Waterhouse.

– Preciso tirar duas semanas de folga – disse –, agora mesmo.

Ele desviou os olhos dos papéis sobre a mesa e me encarou. Por um instante infernal pensei que seria demitido. Em vez disso, ele pigarreou e murmurou alguma coisa… estranha. Não consegui entender o que disse, mas parecia que ele acreditava… em função de minha intensidade, de minha falta de clareza… que eu devia estar em sérios apuros.

Recuei um passo e comecei a protestar, mas acabei calando a boca. Que o homem pensasse o que bem quisesse, contanto que me concedesse a folga.

Passando a mão pelos cabelos ralos, ele suspirou e disse por fim:

– Vá. Boa sorte. Espero que dê tudo certo.

Paguei a passagem de avião com o cartão de crédito. Em doze vezes. E, diferentemente da minha última visita ao Japão, dessa vez eu avisei que iria e que queria marcar uma reunião.

Eles telegrafaram de volta: “Pode vir”.

Mas a mensagem deles também avisava que eu não me encontraria com Morimoto. Ou ele fora despedido ou estava morto. Havia um novo gerente de exportação, informaram.

Seu nome era Kitami.

Kishikan. A palavra em japonês para *déjà vu*. Mais uma vez, eu me via num voo para o Japão. Mais uma vez, vi-me decorando frases do meu exemplar de *Como fazer negócios com os japoneses*. Mais uma vez, vi-me no trem para Kobe, hospedando-me no Newport, andando de um lado para outro do quarto.

Quando chegou a hora, peguei um táxi para ir à Onitsuka. Imaginei que iríamos para a velha sala de reuniões, mas não; algumas reformas tinham sido feitas desde a minha última visita. "Nova sala de reuniões", disseram eles. Mais elegante, maior, tinha poltronas de couro em vez das antigas de tecido, e uma mesa bem mais comprida. Mais impressionante, menos familiar. Senti-me desorientado, intimidado. Era como se eu tivesse me preparado para uma corrida na Estadual do Oregon e descoberto no último minuto que ela fora transferida para o Los Angeles Memorial Coliseum.

Um homem entrou na sala e estendeu a mão. Kitami. Seus sapatos pretos eram muito bem lustrados, os cabelos, igualmente lustrados. Negros, penteados para trás, sem um fio sequer fora do lugar. Era um grande contraste em relação a Morimoto, que sempre parecia ter se vestido de olhos fechados. Fiquei desconcertado com a aparência de Kitami, mas, de repente, ele me lançou um sorriso franco e amigável, e convidou-me a sentar, relaxar e lhe contar o motivo da minha ida até ali. Nessa hora, tive a nítida impressão de que, apesar da sua aparência elegante, ele não estava tão seguro assim. Afinal, era novo no trabalho. Ele ainda não tinha muito… patrimônio. A palavra surgiu na minha mente.

Ocorreu-me também que eu devia ter grande valor para Kitami: não era um cliente muito grande, tampouco era pequeno. A localização era essencial. Eu vendia tênis nos Estados Unidos, um mercado vital para o futuro da Onitsuka. Talvez, apenas talvez, Kitami ainda não quisesse se livrar de mim. Talvez ele quisesse me segurar até terem feito a transição para o cowboy. Eu era um ativo, um crédito, pelo menos por enquanto, o que significava que minhas cartas eram melhores do que eu supunha.

Kitami falava inglês melhor que seus antecessores, mas com um sotaque mais pronunciado. Meus ouvidos precisaram de alguns minutos para se ajustarem enquanto conversávamos sobre o voo, o tempo, as vendas. Enquanto isso, os executivos começaram a chegar, juntando-se a nós na sala de reunião. No fim, Kitami se recostou.

– *Hai*... – ele esperou.

– O senhor Onitsuka?

– O senhor Onitsuka não poderá se juntar a nós hoje – ele explicou.

Droga. Eu esperava contar com a simpatia que o senhor Onitsuka sentia por mim, sem falar na relação dele com Bowerman. Mas não. Sozinho, sem aliados, em uma sala de reuniões desconhecida, eu mergulhei de cabeça.

Disse a Kitami e aos demais executivos que a Blue Ribbon vinha fazendo um excelente trabalho. Vendemos todos os pares encomendados, ao mesmo tempo em que desenvolvíamos uma base sólida de clientes, e a nossa expectativa era que esse crescimento continuasse. As vendas foram de quarenta e quatro mil dólares em 1966 e projetávamos oitenta e quatro mil dólares para 1967. Descrevi nossa nova loja em Santa Monica e planos para abrir outras – planos para um futuro grandioso. Então, inclinei-me para a frente e disse:

– Gostaríamos muito de ser os distribuidores exclusivos dos tênis de atletismo Tiger nos Estados Unidos – disse eu. – E acredito muito que seja de interesse do Tiger que isso aconteça.

Sequer mencionei o cowboy.

Olhei ao redor da mesa. Rostos sérios. Nenhum mais sério que o de Kitami. Em poucas palavras, ele disse que isso não seria possível. Onitsuka queria que seu distribuidor americano fosse alguém maior, mais estabelecido, uma empresa que pudesse dar conta da carga de trabalho. Uma empresa com escritórios na Costa Leste.

– Mas, mas... – gaguejei. – A Blue Ribbon tem escritórios na Costa Leste.

Kitami balançou-se para trás em sua cadeira.

– Vocês têm?

– Sim, temos. Estamos na Costa Leste, na Costa Oeste, e logo estaremos no Meio-Oeste. Podemos lidar com a distribuição nacional, sem sombra de dúvida. – Olhei ao redor da mesa. Os rostos sérios estavam ficando menos sérios.

– Bem – Kitami disse –, isso muda um pouco as coisas.

Ele me garantiu que consideraria cuidadosamente a minha proposta. E foi isso. *Hai*. Reunião encerrada.

Caminhei de volta ao hotel e passei a segunda noite andando de um lado a outro. Logo cedo, recebi um telefonema me chamando de volta à Onitsuka. Kitami me concedera os direitos de distribuição exclusiva nos Estados Unidos.

Ele me deu um contrato de três anos.

Tentei aparentar tranquilidade ao assinar os documentos e fazer um pedido para outros cinco mil pares de tênis, que me custariam vinte mil dólares, que eu não possuía. Kitami os despacharia para o meu escritório na Costa Leste, que eu também não possuía.

Prometi enviar o endereço exato.

No voo de volta para casa, olhei pela janela, para as nuvens acima do Oceano Pacífico, e lembrei de ter me sentado no topo do Monte Fuji. Fiquei pensando no que Sarah acharia de mim agora, depois dessa manobra bem-sucedida. Fiquei pensando no que o cowboy sentiria quando recebesse a notícia da Onitsuka de que ele estava fora do páreo.

Guardei meu exemplar do livro *Como fazer negócios com os japoneses*. Minha mala de mão estava repleta de suvenires. Kimonos para minha mãe e minhas irmãs e para a Vó Hatfield, uma pequena espada de samurai para pendurar acima da minha mesa e a joia da coroa: uma pequena televisão japonesa. Despojos de guerra, pensei, sorrindo. Mas, em algum ponto acima do Pacífico, o peso inteiro da minha "vitória" se abateu sobre mim. Imaginei a cara de Wallace quando eu lhe pedisse que pagasse aquele pedido gigantesco. Se ele dissesse não – quando dissesse não –, o que eu faria?

Por outro lado, se dissesse sim, como eu abriria um escritório na Costa Leste? E como faria isso antes que a remessa chegasse? E com quem eu poderia contar para gerenciar aquilo?

Fitei o horizonte curvo. Só havia uma pessoa no planeta suficientemente sem raízes, com energia de sobra e louco o bastante para fazer as malas e se mudar para a Costa Leste, sem aviso prévio, e chegar antes dos tênis.

Fiquei imaginando se Stretch iria gostar do Oceano Atlântico.

1967

Não lidei muito bem com a situação. Não lidei nada bem com ela. Sabendo qual seria a reação dele, e temendo-a, posterguei contar a Johnson a história inteira. Mandei-lhe uma mensagem curta, dizendo que a reunião na Onitsuka correra bem e que havíamos garantido os direitos de distribuição nacional. Mas fiquei por aí mesmo. Acho que tive esperança, bem lá no fundo, de que conseguiria contratar outra pessoa para ir para o Leste. Ou que, talvez, Wallace melasse todo o plano.

Na verdade, eu consegui contratar alguém. Um antigo corredor de longa distância, claro, mas ele mudou de ideia, deu para trás poucos dias depois de ter concordado. Então, frustrado, preocupado, atolado num ciclo de ansiedade e procrastinação, voltei-me a um problema de mais fácil solução: encontrar alguém para substituir Johnson na loja em Santa Monica. Pedi a John Bork, um treinador de atletismo numa escola de Los Angeles, um amigo de um amigo. Ele agarrou a oportunidade. Não poderia ter ficado mais feliz. Como eu poderia saber que ele ficara tão feliz? Na manhã seguinte, ele apareceu na loja de Johnson e anunciou que era o novo chefe.

– O novo o quê? – Johnson perguntou.

– Fui contratado para assumir a loja quando você se mudar para o Leste – Bork explicou.

– Quando eu for... para onde? – Johnson perguntou, já pegando o telefone.

Também não lidei muito bem com aquela conversa. Disse a Johnson: "Haha, pois é, cara, eu ia ligar *agorinha* mesmo". Pedi desculpas por ele ter ficado sabendo daquela maneira, que constrangimento, e expliquei que fora obrigado a mentir na Onitsuka, alegando já ter um escritório na Costa Leste. Portanto, estávamos numa bela de uma sinuca. Os tênis logo seriam despachados por navio, um carregamento enorme a caminho de Nova York, e ninguém além de Johnson poderia cuidar da tarefa de buscar esses tênis e estabelecer um escritório. O destino da Blue Ribbon dependia dele.

Johnson ficou pasmo. Ficou furioso, mas depois ficou em pânico. Tudo isso no espaço de um minuto. Por isso, subi num avião e fui visitá-lo em sua loja.

Ele não queria morar na Costa Leste, disse para mim. Amava a Califórnia. Vivera na Califórnia a vida toda. Podia correr o ano inteiro na Califórnia, e correr, como eu bem sabia, era tudo para Johnson. Como conseguiria correr naqueles meses frios de inverno lá de cima? E falou e falou.

De repente, a postura dele mudou. Estávamos no meio da loja, seu santuário dos tênis, e numa voz quase inaudível ele murmurou que reconhecia que aquele era um momento decisivo para a Blue Ribbon, na qual ele tanto investira financeira, emocional e espiritualmente. Ele admitiu que não havia ninguém mais que pudesse montar o escritório na Costa Leste.

Fiquei de bico calado e esperei.

E esperei.

– Ok – disse ele, por fim. – Eu vou.

– Que bom. Isso é ótimo. Maravilha. Obrigado.

– Mas onde?

– Onde o quê?

– Para onde você quer que eu vá?

– Ah. Bem. Para qualquer lugar na Costa Leste com um porto. Só não vá para Portland, no Maine.

– Por quê?

– Uma empresa baseada em duas Portlands diferentes vai confundir os japoneses.

Conversamos um pouco mais sobre as possibilidades e decidimos que Nova York e Boston eram as escolhas mais lógicas. Especialmente Boston.

– É de onde vem a maioria dos nossos pedidos – eu disse.

– Ok – ele respondeu. – Boston, aqui vou eu.

Então, entreguei-lhe um punhado de folhetos de viagem de Boston, mencionando como era lindo o outono, quando as folhas das árvores trocavam de cor. Pesei a mão, eu sei, mas estava desesperado.

Ele perguntou como eu já tinha todos aqueles folhetos, e eu disse que sabia que ele tomaria a decisão certa.

Ele riu.

A compreensão que Johnson demonstrara e sua predisposição tranquila de modo geral fizeram que eu me sentisse imensamente grato, além de um carinho renovado pelo homem. E, talvez, uma maior lealdade. Lamentei o modo como o tratara. Todas aquelas cartas sem resposta. Existem pessoas que trabalham em equipe, pensei, e pessoas que realmente trabalham em equipe. E, depois, havia Johnson.

E então ele ameaçou se demitir.

Por carta, claro. *Acredito ter sido o responsável pelo sucesso que obtivemos até aqui*, escreveu ele. *E quaisquer outros sucessos que possa haver nos próximos dois anos, pelo menos.*

Com isso, ele me deu um ultimato em duas partes:

1. Torná-lo sócio da Blue Ribbon.

2. Aumentar seu salário para seiscentos dólares por mês, além de lhe dar um terço de todos os lucros depois dos primeiros seis mil pares de tênis vendidos.

"Senão", ele disse, "adeus".

Telefonei para Bowerman e contei que o Funcionário de Tempo Integral Número Um estava armando um motim. Bowerman ouviu atentamente, considerou todos os ângulos, pesou os prós e os contras e depois deu seu veredito, que basicamente era: "Quem precisa dele?".

Percebi que eu precisava. Talvez houvesse um meio-termo que apaziguasse Johnson, como lhe dar uma parte da empresa. Mas, à medida que conversávamos mais detalhadamente, a matemática simplesmente não batia. Nem Bowerman nem eu queríamos ceder um percentual da empresa, portanto, o ultimato de Johnson, mesmo se eu quisesse aceitá-lo, não teria como dar certo.

Voei para Palo Alto, onde Johnson visitava os pais, e pedi que nos sentássemos para conversar. Johnson disse que queria que seu pai, Owen, participasse da conversa. A reunião aconteceu no escritório de Owen, e de pronto fiquei surpreso com as semelhanças entre pai e filho. Eram parecidos fisicamente, a voz era semelhante, e tinham até os mesmos trejeitos. No entanto, as semelhanças paravam por aí. De cara, Owen foi agressivo, barulhento, e logo entendi que ele foi o instigador daquele motim.

Owen trabalhava com vendas. Ele vendia equipamentos de gravação de voz, e era muito bom nisso. Para ele, assim como para a maioria dos vendedores, a vida era uma longa negociação, algo que ele apreciava. Em outras palavras, ele era o meu completo oposto. Lá vamos nós, pensei. Mais um duelo com um negociador nato. Quando isso vai acabar?

Owen começou citando tudo o que o filho fizera pela Blue Ribbon. Insistiu que o filho era a principal razão de a Blue Ribbon ainda existir. Assenti, deixei que falasse, e resisti à necessidade de fazer contato visual com Johnson, que estava sentado mais afastado. Fiquei pensando se ele ensaiara tudo aquilo, do mesmo modo que Johnson e eu havíamos ensaiado o que dizer antes da minha última viagem ao Japão. Quando Owen terminou, quando disse que, dados os fatos, seu filho, evidentemente, deveria ser sócio pleno da Blue Ribbon, eu pigarreei e admiti que Johnson era um dínamo, que seu trabalho era vital e inestimável. Mas, em seguida, fui firme:

– A verdade é que temos quarenta mil dólares em vendas e mais do que isso em dívidas, portanto, simplesmente não há nada para dividir aqui, meus caros. Estamos brigando por fatias de bolo que simplesmente não existem.

Mais que isso, eu disse a Owen que Bowerman não estava disposto a ceder nenhum percentual seu na Blue Ribbon, portanto, eu não poderia ceder da minha parte. Se fizesse isso, estaria cedendo o controle da empresa que eu mesmo criara. E isso era impossível.

Fiz uma contraproposta. Eu daria a Johnson um aumento de cinquenta dólares. Owen me encarou. Foi um olhar firme, determinado, lapidado em muitas negociações intensas. Ele esperava que eu fosse ceder, que subisse minha oferta, mas pela primeira vez na vida eu estava por cima, porque simplesmente não tinha mais nada a oferecer.

– É pegar ou largar. – Foi o mesmo que ter quatro cartas iguais no pôquer. Difícil de superar.

Por fim, Owen se virou para o filho. Acho que nós dois sabíamos que seria Johnson quem acabaria acertando a questão, e vi nele dois desejos contrários brigando em seu íntimo. Ele não queria aceitar a oferta, mas também não queria desistir. Ele amava a Blue Ribbon. Ele precisava da Blue Ribbon. Ele enxergava a Blue Ribbon como o único lugar no mundo em que se encaixava, como uma alternativa para a areia movediça das corporações que haviam engolido boa parte dos nossos colegas e amigos, grande parte da nossa geração. Ele reclamara um milhão de vezes da minha falta de comunicação, mas, na verdade, meu estilo de administração *laissez-faire* o encorajara, o libertara. Era improvável que encontrasse esse tipo de autonomia em qualquer outro lugar. Depois de vários segundos, ele estendeu a mão.

– Fechado – disse ele.

– Fechado – repeti, apertando a mão dele.

Selamos nosso acordo com uma corrida de dez quilômetros. Se bem me lembro, eu ganhei.

Com Johnson na Costa Leste e Bork assumindo a loja, eu estava rodeado de funcionários. Pouco tempo depois, recebi um telefonema de Bowerman pedindo-me que contratasse mais um: Geoff Hollister, um dos seus antigos corredores.

Levei Hollister para comer um hambúrguer e nos demos muito bem, mas ele me convenceu a contratá-lo ao não demonstrar qualquer reação quando enfiei a mão no bolso e descobri que não tinha dinheiro para pagar o almoço. Por isso, eu o contratei para viajar pelo estado vendendo Tiger, tornando-o, assim, o Funcionário em Tempo Integral Número Três.

Não demorou e Bowerman voltou a me ligar. Queria que eu contratasse *mais* uma pessoa. Quadruplicar o quadro de funcionários em tão poucos meses? Será que meu antigo treinador achava que eu era a General Motors? Eu poderia ter recusado, mas então Bowerman me disse o nome do candidato.

Bob Woodell.

Claro que eu conhecia o nome. Todos no Oregon conheciam aquele nome. Woodell fora destaque na equipe de Bowerman em 1965. Não era bem uma estrela, mas era um competidor corajoso e inspirador. Quando Oregon defendia seu segundo campeonato nacional em três anos, Woodell aparecera do nada e vencera o salto em distância contra a badalada UCLA. Estive lá, vi quando ele fez aquilo, e fiquei muito impressionado.

No dia seguinte, apareceu no noticiário da TV um acidente ocorrido durante as comemorações do Dia das Mães no Oregon. Woodell e outros vinte colegas de faculdade içavam uma balsa no Millrace, um riacho que passava pelo campus. Tentavam virá-la, quando um deles perdeu a base de apoio. Em seguida, outro não conseguiu mais segurar a corda. Outro soltou. Alguém gritou, todos correram. A balsa virou, prendendo Woodell embaixo dela e esmagando sua primeira vértebra lombar. Parecia não haver esperanças de ele voltar a andar.

Bowerman organizara uma vigília em Hayward Field para angariar fundos para as despesas médicas de Woodell. Agora, ele assumira a tarefa de encontrar algo para o rapaz fazer. No momento, disse ele, o coitado ficava sentado na casa dos pais, numa cadeira de rodas, encarando as paredes. Woodell sondara a possibilidade de se tornar técnico-assistente de Bowerman, mas este me disse:

– Acho que isso não daria certo, Buck. Talvez ele possa fazer alguma coisa na Blue Ribbon.

Desliguei e telefonei para Woodell. Quase lhe disse o quanto lamentava o acidente, mas me contive. Não sabia se era certo falar do assunto. Mentalmente, pensei em várias outras coisas pra dizer, todas elas parecendo erradas. Nunca me senti tão sem saber o que dizer, e sempre fui de poucas palavras. O que dizer para uma estrela do atletismo que, de repente, não pode mover mais as pernas? Resolvi manter a conversa estritamente profissional. Expliquei que Bowerman o recomendara e disse que talvez houvesse uma oportunidade para ele na minha nova empresa de calçados. Sugeri que nos encontrássemos para o almoço. "Claro", ele respondeu.

No dia seguinte, nos encontramos numa lanchonete no centro de Beaverton, um subúrbio a oeste de Portland. Woodell foi sozinho, de carro; ele já conseguia guiar um carro especial, um Mercury Cougar com controles manuais. Na verdade, ele chegou cedo. Eu me atrasei quinze minutos.

Se não fosse pela cadeira de rodas, não sei se o teria reconhecido. Eu o vira uma vez pessoalmente, e muitas vezes na TV, mas depois de tantas dificuldades e cirurgias, ele estava visivelmente mais magro.

Perdera uns trinta quilos, e suas feições, naturalmente bem delineadas, agora pareciam quase apagadas. Os cabelos, contudo, continuavam negros, e ainda cresciam formando cachos bem fechados.

Ele parecia o busto ou o friso de Hermes que vi em algum lugar da Grécia. Os olhos também eram pretos e brilhavam com determinação e inteligência – e talvez um pouco de tristeza, assim como os de Johnson. Qualquer que fosse o motivo, eram fascinantes e cativantes. Fiquei chateado por ter me atrasado.

O almoço era para ter sido uma entrevista de emprego, mas a parte da entrevista foi uma mera formalidade, ambos sabíamos. Os homens da Oregon cuidam uns dos outros. Felizmente, para além dessa lealdade, nos entendemos. Rimos juntos, principalmente por causa de Bowerman. Relembramos os muitos modos que ele usava para torturar seus corredores, ostensivamente para torná-los mais fortes, como quando esquentava uma chave no fogão e a pressionava contra a pele nua de alguns deles na sauna. Nós dois fomos vítimas. Não demorou para eu sentir que teria dado o emprego a Woodell mesmo que ele fosse um desconhecido. De bom grado. Ele era o tipo de pessoa de quem eu gostava. Eu ainda não sabia muito bem o que a Blue Ribbon era, ou se um dia chegaria a ser alguma coisa, mas o que quer que fosse ou viesse a ser, eu tinha esperanças de que tivesse parte do espírito daquele homem.

Ofereci-lhe um emprego em nossa segunda loja, em Eugene, fora do campus, por um salário de quatrocentos dólares. Ele não negociou, graças a Deus. Se tivesse pedido quatro mil por mês, era bem possível que eu tivesse encontrado um modo de pagar.

– Fechado? – perguntei.

– Fechado – ele respondeu, estendendo a mão e apertando a minha.

Ele ainda tinha a pegada forte de atleta.

A garçonete trouxe a conta e eu disse a Woodell que o almoço ficava por minha conta. Peguei a carteira e descobri que estava vazia.

Pedi, então, ao Funcionário em Tempo Integral Número Quatro se poderia me emprestar o valor. Só até o dia do pagamento.

Quando não estava me mandando funcionários novos, Bowerman me mandava os resultados dos seus mais recentes experimentos. Em 1966, ele notou que a sola externa dos Spring Up derretia como manteiga, enquanto a entressola permanecia intacta. Portanto, ele pedira à Onitsuka que pegasse a entressola dos Spring Up e juntasse com a sola externa dos Limber Up, criando assim um tênis para corridas de longa distância mais moderno. Em 1967, a Onitsuka nos enviou um protótipo, e era impressionante. Com amortecimento de luxo e linhas elegantes, eles se pareciam com o futuro.

A Onitsuka perguntou como achávamos que esse tênis deveria se chamar. Bowerman gostou de "Aztec", em homenagem às Olimpíadas de 1968, que aconteceriam na Cidade do México. Eu também gostei. "Muito bem", a Onitsuka disse. Nascia o Aztec.

Então a Adidas ameaçou nos processar. A Adidas já tinha um tênis novo chamado "Azteca Gold", com pinos na sola, que pretendia apresentar nos mesmos Jogos Olímpicos. Ninguém ouvira falar dele, mas isso não impediria a Adidas de criar confusão.

Irritado, subi o morro até a casa de Bowerman para conversar a respeito. Sentamo-nos na varanda espaçosa, olhando para o rio, que, naquele dia, brilhava como um cadarço prateado. Ele tirou o boné, voltou a colocá-lo na cabeça, esfregou o rosto.

– Como é mesmo o nome do cara que venceu os astecas? – ele perguntou.

– Cortez – respondi.

Então, ele grunhiu.

– Ok. Vamos chamá-lo de Cortez.

Eu começava a desenvolver um desprezo insalubre pela Adidas. Ou talvez fosse saudável. Aquela empresa alemã vinha dominando o mercado de tênis já há algumas décadas, e possuía a arrogância do domínio incontestado. Claro, era possível que não houvesse nada de arrogante e que, para me motivar, eu precisasse vê-la dessa forma, como um monstro. De todo modo, eu a desprezava. Estava cansado de, todos os dias, vê-la tão mais à frente, tão longe. Não suportava a ideia de que, talvez, o meu destino fosse fazer isso para sempre.

Essa situação me fez lembrar de Jim Grelle. No ensino médio, Grelle – chamado de *Grella* e, muitas vezes, *Gorila* – fora o corredor mais rápido do Oregon e eu, o segundo, e isso significava que tinha passado quatro anos olhando para as costas dele. Depois, Grelle e eu fomos para a Universidade do Oregon, onde sua tirania sobre mim continuou. Quando me formei, tive esperanças de nunca mais olhar para as costas de Grelle. Anos mais tarde, quando ele venceu os mil e quinhentos metros no Lenin Stadium, em Moscou, eu estava vestindo o uniforme do exército, sentado num sofá na sala de descanso do Fort Lewis. Ergui o punho diante da tela, orgulhoso do meu conterrâneo do Oregon, mas também morri um pouco por dentro, ante a lembrança das tantas vezes em que ele tinha sido melhor que eu. Agora eu começava a ver a Adidas como um segundo Grelle. Persegui-la e, ao mesmo tempo, ser legalmente fiscalizado por ela me irritava profundamente. E também me motivava. Muito.

Uma vez mais, no meu esforço quixotesco de ultrapassar um oponente superior, eu tinha Bowerman como meu treinador. Uma vez mais, ele fazia tudo o que podia para me deixar em posição de vencer. Muitas vezes, eu me apegava à lembrança de seus antigos discursos motivadores, especialmente quando enfrentávamos nossos maiores rivais da Universidade Estadual do Oregon. Eu repetia os discursos épicos de Bowerman, ouvia-o dizer-nos que a Estadual não era qualquer adversário. Vencer a USC ou a Cal era importante, dizia ele, mas vencer a Estadual era (pausa) *diferente*. Quase sessenta anos depois, ainda fico arrepiado ao relembrar as palavras dele, o tom de sua voz. Ninguém conseguia fazer nosso sangue correr mais rápido que Bowerman, apesar de ele nunca erguer a voz. Ele sabia falar usando um itálico subliminar, inserindo sutilmente pontos de exclamação, como as chaves quentes contra nossa pele.

Para ter uma dose extra de inspiração, algumas vezes eu relembrava a primeira vez em que vi Bowerman andando pelo vestiário para entregar calçados novos. Quando se aproximou de mim, eu nem sabia que já fazia parte da equipe. Estava no meu primeiro ano na faculdade, ainda não havia sido testado, ainda estava em desenvolvimento. Mas ele empurrou um par de tênis com pinos bem no meu peito.

– Knight – ele disse.

E foi isso. Só o meu nome. Nem uma sílaba a mais. Baixei o olhar para os tênis. Eram verdes como as árvores do Oregon, com listras amarelas, a coisa mais linda que já tinha visto na vida. Abracei-os e, mais tarde, levei-os para o meu quarto, onde os coloquei com cuidado na prateleira de cima da minha estante. Lembro-me de ter apontado a luz do abajur para eles.

Eram da Adidas, claro.

No fim de 1967, Bowerman inspirava muitas pessoas além de mim. Aquele livro que mencionei antes, acusando-o de ser um livro bobo sobre corrida, estava terminado e à venda nas livrarias. Com cerca de cem páginas, *Jogging* pregava o evangelho dos exercícios físicos para uma nação que raras vezes ouvira tal sermão. Uma nação que, coletivamente, se esparramava pelos sofás, mas, de alguma maneira, o livro foi um sucesso. Vendeu um milhão de exemplares, iniciou um movimento, mudou o significado da palavra "corrida". Em pouco tempo, graças a Bowerman e ao seu livro, correr já não era mais coisa de gente esquisita. Não era mais uma seita. Era quase... descolado?

Fiquei feliz por ele, mas também pela Blue Ribbon. Seu sucesso de vendas, por certo, geraria publicidade e alavancaria as nossas vendas. Então comecei a lê-lo. Senti um peso no estômago. Na parte em que discorria sobre equipamento adequado, Bowerman deu alguns conselhos sensatos, seguidos de algumas recomendações confusas. Ao tratar das dores na canela, ou "canelites", ele dizia que calçados certos eram importantes, mas que quase qualquer um serviria. *Provavelmente, os sapatos que você usa para cuidar do jardim ou para seus afazeres domésticos, devem servir.*

O quê?

Quanto às roupas de treino, Bowerman dizia aos leitores que roupas adequadas *podiam ajudar o espírito*, mas acrescentava que as pessoas não deviam se ater a *marcas.*

Talvez ele acreditasse que isso fosse verdadeiro para o corredor casual, comparativamente a um atleta treinado, mas será que precisava dizer isso no livro? Bem quando lutávamos para estabelecer a nossa marca? Mais precisamente, quanto isso tudo deixava transparecer de sua verdadeira opinião a respeito da Blue Ribbon? E de mim? Qualquer tênis serve? Se isso fosse verdade, por que estávamos nos dando ao trabalho de vender Tiger? Por que estávamos perdendo tempo?

Lá estava eu, perseguindo a Adidas, mas, de certa forma, eu ainda perseguia Bowerman, buscando a sua aprovação. E, como de costume, parecia bem improvável que, ao fim de 1967, eu fosse alcançar qualquer um dos dois.

Graças em grande parte ao Cortez de Bowerman, fechamos o ano animados, atingindo a expectativa de receita: oitenta e quatro mil dólares. Quase ficava feliz em pensar na minha próxima ida ao First National. Finalmente, Wallace largaria do meu pé e abriria mais a mão. Talvez até reconhecesse o valor do crescimento.

Nesse meio-tempo, a Blue Ribbon cresceu mais que meu apartamento. Talvez seja mais preciso dizer que ela tomara conta do lugar. Meu apartamento, agora, se parecia e muito com o antigo apartamento de solteiro de Johnson. Só faltavam a luz violeta e o polvo. Eu já não podia mais postergar. Precisava de um escritório de verdade, por isso, aluguei uma sala ampla na região leste da cidade.

Não era grande coisa. Um espaço aberto com pé-direito alto e janelas grandes, muitas das quais quebradas ou emperradas, impossíveis de fechar, o que significava que o ambiente estava sempre muito fresco, com uma revigorante temperatura na casa dos dez graus. Bem ao lado havia um restaurante barulhento, o Pink Bucket, e todos os dias, pontualmente às quatro da tarde, a jukebox começava a tocar. As paredes eram tão finas que era possível ouvir o primeiro disco cair e sentir cada nota dali por diante.

Mas o aluguel era barato. Cinquenta dólares mensais.

Quando levei Woodell para ver, ele disse que o lugar tinha lá seu charme. Woodell precisava gostar, porque eu o estava transferindo da loja de Eugene para aquele escritório. Ele demonstrara incríveis habilidades na loja, talento para a organização e uma energia ilimitada, mas poderia ser mais bem aproveitado naquilo que eu chamaria de "matriz". Não foi surpresa quando, logo no primeiro dia, ele apareceu com uma solução para fechar as janelas emperradas: prendeu um dos seus antigos dardos de arremesso nos trincos e, assim, conseguimos empurrar as janelas para que fechassem.

Não tínhamos como pagar pela substituição das janelas quebradas, por isso, nos dias muito frios, usávamos roupas de lã.

Nesse meio-tempo, ergui uma parede de madeira compensada para dividir o espaço ao meio, criando assim um depósito na parte de trás e um escritório na da frente. Eu não era muito habilidoso e o piso era bem desigual, portanto, a parede não ficou nem um pouco reta. A três metros de distância, ela parecia ondular, mas Woodell e eu decidimos que estava muito bom daquele jeito.

Compramos três mesas usadas em um brechó: uma para mim, uma para Woodell e outra para "o próximo idiota que fosse trabalhar com a gente". Também construí um painel de cortiça, no qual prendi diversos modelos do Tiger, pegando emprestadas algumas das ideias de decoração de Johnson, da loja em Santa Monica. Em um dos cantos, ajeitei uma área em que os clientes pudessem se sentar para experimentar os tênis.

Certo dia, faltando cinco minutos para as seis da tarde, um garoto do ensino médio entrou. Disse timidamente que precisava de tênis de corrida. Woodell e eu nos entreolhamos, olhamos para o relógio. Estávamos exaustos, mas precisávamos de cada venda. Falamos com o garoto sobre o peito do pé, sobre a passada dele, sobre a sua vida e lhe demos vários pares para experimentar. Ele levou o tempo que quis para amarrar os cadarços e andar por ali. A cada par, declarava: "Ainda não é esse". Ele foi embora, Woodell e eu estávamos em meio a uma montanha de caixas vazias e tênis espalhados. Olhei para ele. Ele olhou para mim. É assim que vamos criar uma empresa de calçados?

À medida que eu, gradualmente, mudava o estoque de tênis do apartamento para o escritório novo, pensei que faria mais sentido mudar de vez do apartamento e ir morar no escritório, já que eu basicamente vivia lá. Quando eu não estava na Price Waterhouse, recebendo um salário para me manter, estava na Blue Ribbon, e vice-versa. E podia tomar banho na academia.

Mas disse a mim mesmo que morar no escritório era loucura.

Em seguida, recebi uma carta de Johnson informando-me de que estava morando no escritório dele.

Ele resolvera estabelecer nosso escritório na Costa Leste em Wellesley, um subúrbio aristocrático de Boston. Claro que incluíra um mapa feito a mão, um esboço e mais informações do que eu precisaria a respeito da história, da topografia e dos padrões climáticos de Wellesley. E também me contou como foi que tomou essa decisão.

A princípio, considerara Long Island, em Nova York. Após sua chegada, encontrou-se com o garoto do ensino médio que o alertara sobre as maquinações do cowboy. O garoto levou Johnson para cima e para baixo de carro, permitindo-lhe que visse o bastante de Long Island para saber que aquele não era o lugar certo para ele. Despediu-se do garoto, pegou a I-95 rumo ao norte e, quando chegou a Wellesley, a cidade simplesmente falou com ele. Ele viu muitas pessoas correndo em pacatas estradas rurais, muitas delas mulheres, muitas delas parecidas com a atriz Ali MacGraw. E Ali MacGraw era o tipo de Johnson. E ele se lembrou de que Ali MacGraw frequentara a Wellesley College.

Depois, ficou sabendo, ou se lembrou, de que a rota da Maratona de Boston passava pela cidade. Estava decidido.

Deu uma olhada em seu catálogo e encontrou o endereço de um cliente local, outra estrela das corridas do ensino médio. Foi até a casa do garoto e bateu à porta, sem avisar antes. O garoto não estava lá, mas seus pais disseram a Johnson que ele seria bem-vindo para entrar e esperar. Quando o garoto chegou em casa, encontrou seu vendedor de tênis sentado à mesa, jantando com sua família inteira. No dia seguinte, depois que saíram para uma corrida, Johnson conseguiu do garoto uma lista de nomes – treinadores locais, clientes em potencial, prováveis contatos – e uma lista de quais bairros poderia gostar. Em poucos dias, ele encontrou e alugou uma casinha atrás de uma agência funerária. Alugando-a em nome da Blue Ribbon, ele também a chamou de lar. Queria que eu pagasse metade do aluguel de duzentos dólares.

Num P.S., disse que eu também deveria comprar a mobília.

Não respondi.

1968

Eu trabalhava seis dias por semana na empresa de contabilidade; as primeiras horas da manhã, a noite alta, os fins de semana e as férias, passava na minha empresa. Nenhum amigo, nada de exercícios, nenhuma vida social – e totalmente feliz. A minha vida estava desequilibrada, claro, mas eu não ligava. Na verdade, queria ainda mais desequilíbrio. Ou um tipo diferente de desequilíbrio.

Eu queria dedicar todos os minutos do dia à empresa. Nunca fui multitarefa, e não via motivos para começar a ser agora. Queria estar presente todos os dias. Queria me concentrar constantemente na única tarefa que verdadeiramente importava. Se a minha vida seria só trabalho sem diversão, que pelo menos meu trabalho fosse divertido. Queria me demitir da empresa de contabilidade. Não que eu odiasse o trabalho. A questão é que aquilo não era eu.

Eu queria o que todo mundo quer: ser eu mesmo em tempo integral.

Mas isso não era possível. A Blue Ribbon simplesmente não conseguia me sustentar. Apesar de a empresa estar em vias de dobrar as vendas pelo quinto ano consecutivo, ela ainda não podia bancar um salário para o seu cofundador. Por isso, resolvi chegar a um meio-termo e encontrar um emprego diferente, um que pagasse as contas, mas que exigisse poucas horas de trabalho, deixando mais tempo livre para a minha paixão.

Seguindo esse critério, o único trabalho em que consegui pensar foi dar aulas. Solicitei um emprego na Universidade Estadual de Portland e fui trabalhar como professor-assistente, ganhando setecentos dólares por mês.

Eu deveria estar feliz por poder pedir demissão da Price Waterhouse, mas aprendi muito lá, e estava triste por ter que deixar Hayes.

– Vou focar na minha empresa de tênis – eu lhe disse.

Hayes franziu o cenho, resmungou alguma coisa a respeito de sentir saudades de mim, ou de me admirar.

Perguntei-lhe o que ele iria fazer da vida e ele respondeu que seria bem-sucedido na Price Waterhouse. Perderia vinte quilos e se tornaria sócio, era esse o plano. Desejei-lhe boa sorte.

Como parte da minha demissão formal, tive de falar com o chefe, um sócio com um nome de personagem de Dickens, Curly Leclerc. Ele foi educado, imparcial, generoso, ao atuar na peça de ato único que já estrelara uma centena de vezes antes: a entrevista de saída. Perguntou o que eu iria fazer em vez de trabalhar em uma das maiores e melhores empresas de contabilidade do mundo, e respondi-lhe que havia começado meu próprio negócio, que esperava que ele decolasse e, nesse meio-tempo, eu daria aulas de contabilidade.

Ele me encarou. Eu não estava seguindo o roteiro. De jeito nenhum.

– Por que, diabos, você vai fazer algo assim?

Por fim, a entrevista de saída verdadeiramente difícil. Contei ao meu pai. Ele também ficou surpreso. Já era bem ruim que eu estivesse metido nessa coisa de calçados, disse ele, mas agora... *aquilo*. Lecionar não era respeitável. Dar aula na Universidade Estadual de Portland era simplesmente desrespeitoso.

– O que vou dizer aos meus amigos? – ele perguntou.

A universidade me designou quatro aulas, inclusive a de Contabilidade I. Passei algumas horas me preparando, revisando os conceitos básicos, e quando chegou o outono, o equilíbrio da minha vida pendeu para o lado que eu queria. Eu ainda não dispunha de todo o tempo que queria ou de que precisava na Blue Ribbon, mas tinha mais do que antes. Seguia um caminho que parecia ser o meu, e, apesar de não ter certeza de para onde ele me levaria, eu estava pronto para descobrir.

Portanto, eu estava cheio de esperanças naquele primeiro dia daquele semestre, no início de setembro de 1967. Meus alunos, no entanto, não estavam. Lentamente, foram entrando na sala, cada um irradiando mais tédio e hostilidade que o outro. Ao longo da hora seguinte, estariam confinados naquela gaiola abafada, alimentados à força com os conceitos mais estéreis jamais inventados, e a culpa era minha, o que me tornou o alvo do ressentimento deles. Eles olhavam para mim de cara fechada. Alguns pareciam até zangados.

Eu me sentia mal por eles, mas não iria deixar que me abalassem. De pé junto ao púlpito, com meu terno preto e gravata cinza, permaneci calmo na maior parte do tempo. Sempre fui um pouco inquieto, às vezes agitado, e naquela época desenvolvi alguns tiques nervosos, como colocar elásticos no pulso e brincar com eles, esticando-os e soltando-os contra a pele. Devo ter feito isso com mais e mais força à medida que observava os alunos entrando na sala de aula como se fossem prisioneiros acorrentados.

De repente, entra rapidamente na sala e senta-se na fileira da frente uma linda moça. Ela tinha cabelos dourados na altura dos ombros e brincos de argolas douradas combinando, que também resvalavam os ombros. Olhei para ela e ela para mim. Olhos azuis-claros ressaltados por um dramático delineador preto.

Pensei em Cleópatra. Pensei em Julie Christie. Pensei: *Jesus, a irmã caçula de Julie Christie acabou de entrar na minha aula de contabilidade.*

Fiquei imaginando quantos anos teria. Não devia ter nem vinte anos, imaginei, estalando o elástico contra o pulso, esticando e soltando, e encarando-a, mas fingindo que não encarava. Era difícil desviar os olhos dela. E difícil decifrá-la. Tão jovem e, ao mesmo tempo, tão conhecedora do mundo. Aqueles brincos – eles eram coisa de *hippie*, mas a maquiagem era *très chic*. Quem era aquela garota? E como eu me concentraria na aula com ela na fila da frente?

Fiz a chamada. Ainda consigo me lembrar dos nomes.

– Senhor Trujillo?

– Presente.

– Senhor Peterson?

– Aqui.

– Senhor Jameson?

– Eu.

– Senhorita Parks?

– Presente – disse a irmã mais nova de Julie Christie, suavemente.

Ergui o olhar, lancei um meio-sorriso. Ela me lançou um meio--sorriso. Fiz um tique meio trêmulo ao lado do nome completo dela: Penelope Parks. Penelope, como a esposa leal de Ulisses.

Presentes e contabilizados.

Resolvi empregar o método socrático. Acredito que estivesse imitando os professores da Oregon e de Stanford de cujas aulas eu mais gostava. E ainda estava enfeitiçado por todas as coisas gregas, ainda fascinado por aquele dia passado na Acrópole. Mas, talvez, ao fazer perguntas, em vez de expor a matéria eu também estivesse tentando tirar a atenção de mim, forçando os alunos a participar. Em especial certas alunas bonitas.

– Muito bem, turma – eu disse –, vocês têm três itens praticamente idênticos comprados por um, dois e três dólares, respectivamente. Vocês vendem um deles por cinco dólares. Qual é o custo do item vendido? E qual é o lucro bruto obtido com a venda?

Muitas mãos se ergueram. Nenhuma, ainda bem, era da senhorita Parks. Ela estava de cabeça baixa. Mais tímida que o professor, pelo visto. Fui forçado a chamar o senhor Trujillo, e depois o senhor Peterson.

– Muito bem – eu disse. – Então o senhor Trujillo registrou o estoque com base no método PEPS, obtendo um lucro de quatro dólares. Já o senhor Peterson usou o método UEPS e obteve um lucro de dois dólares. Então... quem fez o melhor negócio?[11]

Uma discussão acalorada se seguiu, envolvendo quase todos, menos a senhorita Parks. Olhei para ela. E olhei de novo. Ela não disse nada. Não ergueu os olhos. Talvez não fosse tímida, pensei. Talvez, simplesmente, não fosse muito inteligente. Que triste seria se ela desistisse da matéria ou se eu tivesse de reprová-la.

Mais cedo, eu havia ensinado aos alunos os conceitos básicos da contabilidade: Ativo é igual a Passivo mais Patrimônio Líquido. Disse-lhes que essa equação básica deve estar sempre em equilíbrio. Disse, ainda, que contabilidade é solução de problemas, que a maioria dos problemas se resume a algum desequilíbrio dessa equação e que, para resolvê-los, é preciso encontrar o equilíbrio. Senti-me um tanto hipócrita ao dizer isso, uma vez que minha empresa tinha uma proporção de passivo/patrimônio líquido de noventa para dez. Mais de uma vez estremeci ao pensar no que Wallace diria se estivesse assistindo a uma das minhas aulas. Meus alunos, aparentemente, eram tão incapazes quanto eu de equilibrar essa equação. Seus trabalhos eram terríveis. Isto é, a não ser pelos da senhorita Parks! Ela gabaritou o primeiro trabalho. Com o segundo e o terceiro, acabou se destacando como a melhor aluna. E não apenas tinha todas as respostas corretas, como sua caligrafia era primorosa. Como caligrafia japonesa. Uma garota com aquela aparência *e* aquela inteligência?

Ela também tirou a nota mais alta nas provas de meio de semestre. Não sei quem estava mais feliz: a senhorita Parks ou o senhor Knight.

11 Siglas para métodos de controle de estoque, em que PEPS significa "primeiro a entrar, primeiro a sair" e UEPS, "último a entrar, primeiro a sair". (N. T.)

Pouco depois de eu ter devolvido as provas, ela veio até a minha mesa e perguntou se poderia trocar umas palavras comigo. "Claro", respondi, já puxando o elástico no pulso e estalando-o algumas vezes. Ela me perguntou se eu poderia ser seu orientador. Fiquei surpreso.

– Ah – falei –, seria uma honra.

Mas então, de repente, eu disse:

– O que *você* acha… de ter um emprego?

– Um o quê?

– Tenho uma pequena empresa de calçados… hum… além de lecionar. E estou precisando de ajuda com a contabilidade.

Ela segurava o material junto ao peito. Ajeitou-os e bateu os cílios.

– Ah. Hum. Bem… Ok. Isso parece… divertido.

Ofereci pagar dois dólares por hora. Ela concordou. Fechado.

Dias depois ela chegou ao escritório. Woodell e eu lhe demos a terceira mesa. Ela se sentou, pousou as mãos sobre a mesa e olhou ao redor.

– O que quer que eu faça?

Woodell entregou-lhe uma lista de coisas a fazer – datilografia, contabilidade, cronograma, estoque e arquivamento de faturas – e disse-lhe para escolher um ou dois itens e ir fazendo aos poucos.

Mas ela não escolheu. Ela fez tudo. Rápida e facilmente. Em menos de uma semana, Woodell e eu já não sabíamos como havíamos sobrevivido sem ela.

Não foi apenas a qualidade do trabalho da senhorita Parks que consideramos tão valiosa. Era o espírito alegre com que trabalhava. Desde o primeiro dia, ela se envolveu por inteiro. Compreendeu o que tentávamos fazer ali, o que estávamos tentando construir. Sentiu que a Blue Ribbon era algo único, que poderia se tornar algo especial, e queria fazer o que pudesse para ajudar. O que acabou sendo muito.

O seu jeito de lidar com as pessoas era admirável, especialmente com os representantes de vendas que continuávamos a contratar.

Quando entravam no escritório, a senhorita Parks os avaliava rapidamente, os encantava ou os colocava em seu devido lugar, dependendo do que fosse necessário. Embora tímida, ela podia ser irônica e divertida, e os representantes de vendas – quer dizer, aqueles dos quais ela gostava – muitas vezes saíam rindo, olhando para trás perguntando-se o que lhes acabara de acontecer.

O impacto exercido pela senhorita Parks era mais aparente em Woodell. Na época, ele não estava numa fase muito boa. O corpo brigava com a cadeira de rodas, resistia ao aprisionamento vitalício. Ele sofria com escaras e outros problemas relacionados ao fato de estar sempre sentado, imóvel, e muitas vezes se ausentava por semanas seguidas por motivo de doença. Porém, quando estava no escritório sentado ao lado da senhorita Parks, ela iluminava o rosto dele. Exercia sobre ele um efeito curativo, e eu ficava fascinado ao testemunhar isso.

Na maioria dos dias eu me surpreendia, oferecendo-me de livre e espontânea vontade para atravessar a rua e buscar o almoço de Woodell e da senhorita Parks. Esse era o tipo de coisa que poderíamos pedir que ela fizesse, mas dia após dia eu me prontificava. Seria cavalheirismo? Bruxaria? O que estava acontecendo comigo? Eu mal me reconhecia.

Ainda assim, certas coisas não mudavam jamais. Minha cabeça estava tão cheia de débitos e créditos, e de tênis, tênis e mais tênis, que eu sempre confundia os pedidos do almoço. A senhorita Parks nunca reclamava. Tampouco Woodell. Invariavelmente, eu lhes entregava sacolas de papel e eles trocavam olhares cúmplices.

"Mal posso esperar para ver o que almoçaremos hoje", Woodell murmurava, enquanto a senhorita Parks cobria a boca com a mão, escondendo um sorriso.

Ela notava o meu encantamento, creio eu. Havia demoradas trocas de olhares entre nós, diversas pausas constrangedoras. Lembro-me em especial de uma gargalhada nervosa, de um silêncio revelador.

Lembro-me de um contato visual demorado que me manteve acordado a noite inteira.

E então aconteceu. Em uma tarde fria de novembro, quando a senhorita Parks não estava, eu caminhei até os fundos do escritório e notei a gaveta da mesa dela aberta. Parei para fechá-la e lá dentro eu vi… uma pilha de cheques? Todos os pagamentos dela… que não tinham sido depositados.

Para ela, então, aquilo não era um trabalho. Era algo mais. Quem sabe… fosse eu? Talvez?

Talvez.

(Mais tarde, descobri que Woodell vinha fazendo a mesma coisa com seus cheques de pagamento.)

Naquele Dia de Ação de Graças, uma onda de frio recorde chegou a Portland. As correntes de ar gelado que passavam pelos buracos das janelas quebradas se transformavam em rajadas árticas atrozes. Às vezes, o vento era tão forte que papéis saíam voando das mesas e os cadarços dos mostruários balançavam. O escritório estava insuportável, mas não tínhamos como pagar pelo conserto das janelas e não conseguíamos fechá-las. Então, Woodell e eu nos mudamos para o meu apartamento, e a senhorita Parks se juntava a nós todas as tardes.

Um dia, depois que Woodell foi para casa, nem eu nem a senhorita Parks dissemos muita coisa. Quando acabou o expediente, acompanhei-a até o elevador. Apertei o botão. Nós dois sorrimos tensos. Apertei o botão de novo. Nós dois encaramos a luz sobre a porta do elevador. Pigarreei.

– Senhorita Parks – disse eu –, gostaria de… hum… de sair na sexta à noite?

Aqueles olhos de Cleópatra. Eles dobraram de tamanho.

– Eu?

– Não estou vendo ninguém mais aqui – gracejei.

Ping. As portas do elevador se abriram.

– Hum – ela murmurou, olhando para os sapatos. – Bem. Ok. Ok.

Ela entrou apressada no elevador e as portas se fecharam sem que ela tivesse despregado os olhos dos sapatos.

Levei-a ao zoológico do Oregon. Não sei por quê. Devo ter imaginado que ficar andando e olhando para os animais seria uma maneira descontraída de nos conhecermos. Ademais, as pítons birmanesas, as cabras nigerianas, os crocodilos africanos me dariam muitas oportunidades de impressioná-la com as histórias das minhas viagens. Senti a necessidade de me gabar de ter visto as pirâmides, o Templo de Nike. Também lhe contei sobre ter ficado doente em Calcutá. Até então, nunca havia descrito em detalhes aquele momento assustador para ninguém, e não sei por que eu agora o contava à senhorita Parks. Curiosamente, Calcutá fora o momento mais solitário da minha vida, e, naquele momento, eu não me sentia nem um pouco solitário.

Confessei que a situação da Blue Ribbon era incerta. Que tudo aquilo poderia falir de uma hora para outra, mas que, ainda assim, eu não me via fazendo qualquer outra coisa. Disse a ela que minha pequena empresa de calçados era uma entidade viva que eu criara do zero. Eu lhe tinha dado vida, cuidara dela quando estava doente, a trouxe de volta do mundo dos mortos várias vezes, e agora eu queria e precisava vê-la em pé por conta própria, saindo mundo afora.

– Isso faz sentido para você? – perguntei.

– Hum-hum – ela assentiu.

Passeamos diante dos leões e dos tigres. Fui franco e disse-lhe que não queria trabalhar para outra pessoa. Queria construir algo meu, algo para o qual eu pudesse apontar e dizer: fui eu quem construiu isso. Era a única maneira que eu via de fazer com que minha vida tivesse significado.

Ela assentiu mais uma vez. Assim como os conceitos básicos da contabilidade, ela entendeu tudo intuitivamente, de pronto.

Perguntei-lhe se estava saindo com alguém e ela confessou que sim. Mas que o garoto… "Bem, é apenas um garoto", disse ela.

Todos os rapazes que namorara, disse ela, eram isso: apenas garotos. Falavam de esportes e de carros. (Fui esperto o suficiente ao não confessar que amava ambos os assuntos.)

– Mas você – ela disse –, você viu o mundo. E agora está colocando em prática tudo o que aprendeu para criar a própria empresa...

A voz dela sumiu. Eu estufei o peito. Dissemos adeus aos leões e aos tigres.

No nosso segundo encontro, caminhamos até o Jade West, um restaurante chinês do outro lado da rua do escritório. Enquanto comíamos carne ao estilo da Mongólia e frango com alho, ela me contou a sua história. Ainda morava com os pais, amava muito a família, mas havia desafios. O pai era um advogado da Marinha, o que me pareceu ser um bom emprego. A casa deles, por certo, me parecia maior e melhor do que aquela em que fui criado, mas ela deu a entender que, com cinco filhos, tudo era mais difícil. Dinheiro era uma preocupação constante. Economizar tudo que fosse possível era a rotina na casa. Nunca havia o suficiente. Itens básicos, como papel higiênico, sempre tinham estoque baixo. Era um lar marcado pela insegurança, e ela não gostava de *insegurança*. Preferia a segurança. E repetiu. *Segurança*. Foi esse o motivo que a atraíra para a contabilidade. Parecia algo sólido, confiável, seguro, um tipo de trabalho no qual poderia sempre confiar.

Quis saber por que tinha escolhido a Universidade Estadual de Portland e ela disse que começara na Universidade Estadual do Oregon.

– Ah! – exclamei, como se ela tivesse confessado ter passado um tempo na prisão.

Ela gargalhou.

– Se serve de consolo, eu odiava aquele lugar.

Em especial, ela não tolerava o fato de a universidade exigir que os alunos fizessem pelo menos uma aula de oratória. Era tímida demais para isso.

– Eu entendo, senhorita Parks.

– Pode me chamar de Penny.

Depois do jantar, levei-a de carro para casa e conheci seus pais.

– Mãe, pai, este é o senhor Knight.

– Prazer em conhecê-los – cumprimentei-os com apertos de mão.

Ficamos olhando uns para os outros. Depois para as paredes. E para o chão. *O tempo estava ótimo, não?*

– Bem – disse eu, batendo o dedo no relógio e puxando o meu elástico –, já está tarde, é melhor eu ir embora.

A mãe dela olhou para o relógio na parede.

– São apenas nove horas – ela disse. – Que encontro emocionante!

Logo depois do nosso segundo encontro, Penny foi passar o Natal no Havaí com os pais. Enviou-me um cartão-postal, o que considerei um bom sinal. Em seu primeiro dia de volta ao escritório, chamei-a de novo para jantar. Era uma noite fria no começo de 1968. De novo, fomos ao Jade West, mas dessa vez eu a encontrei lá, e estava bem atrasado. Vinha de uma reunião do comitê de avaliação dos escoteiros Eagle Scout, o que a fez zombar de mim.

– Escoteiro? Você?

Considerei isso outro bom sinal. Ela se sentia à vontade para caçoar de mim.

Em algum momento durante o terceiro encontro, notei que estávamos mais à vontade. Foi muito bom. A descontração continuou e, nas semanas seguintes, se aprofundou. Desenvolvemos uma sintonia, um sentimento mútuo, uma habilidade de nos comunicar sem palavras. Como apenas dois tímidos conseguem fazer. Quando ela estava mais retraída, ou pouco à vontade, eu percebia e lhe dava espaço ou tentava tirá-la da situação, dependendo do momento. Quando eu me afastava, envolvido em algum debate interno sobre os negócios, ela sabia se era preciso me dar uns cutucões no ombro ou esperar com paciência que eu retornasse.

O tempo fez a sua mágica. Em fevereiro, próximo do meu trigésimo aniversário, ela já passava todos os seus minutos livres na Blue Ribbon e também passávamos todas as noites juntos. Em algum momento, ela parou de me chamar de senhor Knight.

Inevitavelmente, levei-a até minha casa para que conhecesse a minha família. Todos nos sentamos à mesa de jantar para comer o assado da minha mãe, tomando leite e fingindo que aquilo não era constrangedor. Penny era a segunda garota que eu levava para casa, e apesar de ela não ter o carisma exuberante de Sarah, o que tinha era muito melhor. Seu charme era real, genuíno, e embora os Knight parecessem gostar disso, ainda assim eram os Knight. Minha mãe não disse nada; minhas irmãs tentaram em vão ser a ponte entre meu pai e minha mãe; meu pai fez uma série de perguntas investigativas e ponderadas quanto ao passado e à criação de Penny, o que fez com que se parecesse um misto de gerente de empréstimos e detetive de homicídios. Mais tarde, Penny me disse que o clima era exatamente o oposto do da casa dela, onde o jantar era caótico, com todos rindo e falando ao mesmo tempo, os cães latindo e a TV ligada no volume máximo como pano de fundo. Eu lhe garanti que ninguém tinha suspeitado de que ela se sentira fora do seu habitat.

Em seguida, ela me levou à casa dela, e pude ver a realidade do que me contara. A casa *era mesmo* o extremo oposto da minha. Apesar de muito mais imponente que o *Chateau* Knight, era uma bagunça só. Os tapetes eram manchados por causa dos animais – um pastor alemão, um macaco, um gato, diversos ratinhos brancos e um ganso mal-humorado. O caos era total. Além do clã dos Parks e da arca de Noé de bichos de estimação, a casa era ponto de encontro das crianças do bairro.

Tentei ao máximo ser encantador, mas não conseguia me conectar com ninguém, humano ou não humano. Lenta e meticulosamente, fui abrindo caminho até a mãe de Penny, Dot. Ela me lembrava a

Tia Mame – doidinha, impulsiva, eternamente jovem. De muitas maneiras, era uma eterna adolescente, resistindo ao seu papel de matriarca. Para mim, ela mais parecia uma irmã de Penny do que, de fato, sua mãe.

Penny e eu ficávamos juntos todos os dias. Em algum momento, toquei no assunto do nosso futuro. No dia seguinte, eu partiria para uma longa e importante viagem ao Japão, para consolidar meu relacionamento com a Onitsuka – pelo menos, assim eu esperava. Quando voltasse, no fim do verão, não poderíamos mais apenas "ficar namorando", disse a ela. A universidade não aprovava relacionamentos entre professores e alunos. Tínhamos que fazer algo para formalizar nosso relacionamento, a fim de evitar qualquer mal-estar. Ou seja, tínhamos de nos casar.

– Você consegue organizar um casamento sozinha enquanto eu estiver fora? – perguntei.

– Consigo – ela respondeu.

Houve bem pouca discussão ou suspense ou emoções. Quase nenhuma negociação. Tudo parecia uma conclusão inevitável.

Fiquei repetindo para mim mesmo: *Estou noivo, estou noivo*. Mas a novidade não parecia real. Mais tarde, quando fomos à joalheria Zell e escolhemos um anel de noivado com uma esmeralda, tudo pareceu mais real. O anel custou quinhentos dólares – o que foi *bem* real. Mas nunca fiquei nervoso, tampouco senti aquele típico remorso masculino do tipo "meu Deus, o que estou fazendo?". Os meses de namoro, durante os quais pude conhecer melhor a Penny, foram os mais felizes da minha vida, e agora eu tinha a chance de perpetuar essa felicidade. Era assim que eu enxergava as coisas. Tão básico quanto Contabilidade I. Ativo igual a Passivo mais Patrimônio Líquido.

Só quando parti para o Japão, depois que me despedi da minha noiva com um beijo prometendo escrever assim que chegasse, é que me dei conta da realidade total, em toda sua dimensão e profundidade. Eu tinha mais do que uma noiva: eu tinha uma parceira. No passado, eu dizia a mim mesmo que Bowerman era meu parceiro, e também Johnson até certo ponto. Mas o que eu tinha com a Penny era único, sem precedentes. Essa aliança mudava a minha vida. Ainda assim, não me deixava nervoso, apenas mais atento. Nunca antes dissera adeus a um parceiro de verdade, e aquilo foi imensamente diferente. *Imagine só,* pensei. *A maneira mais fácil de descobrir como você se sente a respeito de alguém. Dizendo-lhe adeus.*

Pela primeira vez, meu antigo contato na Onitsuka ainda era o mesmo. Kitami ainda estava lá. Não fora substituído nem transferido. Muito pelo contrário, seu papel na empresa estava mais seguro, a julgar pelo seu comportamento. Ele parecia mais tranquilo, mais autoconfiante.

Kitami me acolheu como se eu fosse um membro da família, e disse estar muito contente com o desempenho da Blue Ribbon e com o nosso escritório da Costa Leste, que prosperava sob o comando de Johnson.

– Agora, vamos ver como podemos tomar todo o mercado americano – disse ele.

– Gostei disso – respondi.

Na minha maleta, eu trazia esboços de novos modelos criados por Bowerman e Johnson, inclusive um no qual eles haviam trabalhado juntos e que batizaram de Boston. Ele tinha uma entressola inovadora e inteiriça. Kitami afixou os desenhos na parede e avaliou-os com atenção. Segurou o queixo com uma mão e disse ter gostado.

– Gostei muito mesmo – ele disse, me dando um tapa nas costas.

Nós nos reunimos diversas vezes nas semanas seguintes, e toda vez Kitami projetava uma vibração quase fraternal. Certa tarde, ele mencionou que o departamento de exportação faria seu piquenique anual dali a alguns dias.

– Venha! – disse ele.

– Eu?

– Sim, sim – ele disse. – Você é membro honorário do departamento de exportação.

O piquenique aconteceu em Awaji, uma ilhota perto de Kobe. Pegamos um barco para ir até lá e, quando chegamos, vimos mesas compridas ao longo da praia, todas cobertas com pratos de frutos do mar e tigelas de *noodles* e de arroz. Ao lado das mesas, tonéis cheios de garrafas de refrigerante e de cerveja. Todos vestiam roupa de banho e óculos de sol e riam. Pessoas que conheci apenas no ambiente corporativo agiam de modo descontraído e despreocupado.

Mais tarde, naquele mesmo dia, aconteceram as competições. Equipes de corrida no saco e a pé pela areia. Exibi minha velocidade e todos se curvaram para mim quando atravessei a linha de chegada. Todos concordaram que o Gaijin Magricela era bem rápido.

Lentamente, eu começava a entender o idioma. Conheci a palavra japonesa para calçado, *gutzu*. Sabia a palavra japonesa para receita, *shunyu*. Sabia perguntar as horas e as direções, e aprendi uma frase que usava com frequência: *Watakushi domo no kaisha ni tsuite no joh hou des.* Aqui vai alguma informação sobre a minha empresa.

Quase no fim do piquenique, sentei-me na areia e fiquei olhando para o Oceano Pacífico. Eu vivia duas vidas distintas, ambas magníficas, e ambas se fundiam. Em casa, eu era parte de uma equipe: eu, Woodell, Johnson e agora Penny. No Japão, eu era parte de uma equipe, eu e Kitami e todas as pessoas gentis da Onitsuka. Minha natureza era solitária, mas desde criança eu me destacava em equipes esportivas. Minha psique ficava em harmonia quando eu tinha um misto de tempo sozinho e tempo em equipe, exatamente como naquele momento.

E, também, eu estava fazendo negócios em um país que passei a amar. Não sentia mais o medo inicial. Eu me ligava à timidez do povo japonês, à simplicidade da sua cultura, dos seus produtos e das suas artes. Eu gostava do fato de eles tentarem acrescentar beleza a todos os aspectos da vida, desde a cerimônia do chá até o vaso sanitário. Eu gostava de o rádio anunciar todos os dias exatamente qual cerejeira em qual esquina estava florescendo, e quanto florescia.

Meu devaneio foi interrompido quando um homem chamado Fujimoto se sentou ao meu lado. Na casa dos cinquenta anos, ombros encurvados, ele tinha um ar tristonho que me pareceu ser mais do que apenas a melancolia da meia-idade. Como um Charlie Brown japonês. Todavia, percebi que ele fazia um esforço para se abrir, para se mostrar alegre para mim. Forçou um grande sorriso e me contou que amava os Estados Unidos, que desejava morar lá. Contei-lhe que eu acabara de pensar quanto eu amava o Japão.

– Talvez a gente devesse trocar de lugar – eu disse.

Ele sorriu, pesaroso, e respondeu:

– Quando você quiser.

Elogiei o inglês dele e ele me contou que tinha aprendido com soldados americanos.

– Engraçado – eu disse –, foi com dois ex-soldados que aprendi as primeiras coisas sobre a cultura japonesa.

E contou-me que as primeiras palavras que os soldados lhe ensinaram foram: "Vai à merda!".

Rimos muito disso.

Perguntei onde ele morava e seu sorriso sumiu.

– Há alguns meses perdi minha casa – ele disse. – Com o furacão Billie. – A tempestade assolara as ilhas japonesas de Honshu e Kyushu, destruindo duas mil moradias. – A minha – explicou-me – foi uma delas.

– Lamento muito por isso – eu disse.

Ele assentiu, olhando para a água. Disse que estava recomeçando, como fazem os japoneses. A única coisa que não conseguira substituir, infelizmente, era a sua bicicleta. Nos anos 1960, as bicicletas eram exorbitantemente caras no Japão.

Kitami juntou-se a nós. Percebi que Fujimoto se levantou de pronto e se afastou.

Mencionei com Kitami que Fujimoto aprendera a falar inglês com soldados e Kitami disse, com orgulho, que ele aprendera sozinho, com um disco. Parabenizei-o e disse que tinha esperanças de um dia ser tão fluente em japonês quanto ele era em inglês. Depois, mencionei que logo me casaria. Contei-lhe sobre Penny e ele me parabenizou, desejando-me boa sorte.

– Quando será o casamento? – ele perguntou.

– Em setembro – respondi.

– Ah – disse ele –, estarei nos Estados Unidos no mês seguinte, quando o senhor Onitsuka e eu formos aos Jogos Olímpicos na Cidade do México. Podemos nos encontrar em Los Angeles.

Ele me convidou a ir até lá, jantar com ele, e respondi que seria um prazer.

No dia seguinte, retornei aos Estados Unidos, e uma das primeiras coisas que fiz depois de aterrissar foi colocar cinquenta dólares num envelope e postar para Fujimoto. Em um cartão, escrevi: *Para comprar uma bicicleta nova, meu amigo.*

Semanas mais tarde, recebi um envelope de Fujimoto com os meus cinquenta dólares dobrados dentro de um bilhete, no qual ele explicava que havia perguntado aos seus superiores se poderia ficar com o dinheiro, mas eles haviam dito que não.

Havia um P.S.: *Se você mandar para a minha casa, eu posso aceitar.*

Foi o que eu fiz.

E assim nascia mais uma parceria que mudaria a minha vida.

Em 3 de setembro de 1968, Penny e eu trocamos nossos votos diante de duzentas pessoas na Igreja Episcopal São Marcos, no centro de Portland, no mesmo altar em que os pais dela se casaram. Fazia apenas um ano que a senhorita Parks entrara na minha sala de aula pela primeira vez. Mais uma vez, ela estava na fila da frente, só que, desta vez, eu estava ao lado dela. E agora ela era a senhora Knight.

Meu padrinho foi o meu primo Houser. Meu advogado, meu braço direito. Os outros padrinhos foram os dois irmãos da Penny, além de um amigo da faculdade de Administração e Cale, que me disse momentos antes da cerimônia:

– É a segunda vez que vejo você assim tão nervoso.

Rimos e lembramos, pela milésima vez, daquele dia em Stanford quando fiz minha apresentação para a aula de empreendedorismo. *Hoje*, pensei, *é parecido*. Uma vez mais eu estava em um ambiente lotado afirmando que algo era possível, que algo podia ter sucesso quando, na verdade, eu não tinha certeza disso. Estou falando em tese, com base na fé e na fanfarrice, como todo noivo. E toda noiva. Dependeria de mim e de Penny provar a verdade do que dissemos naquele dia.

A festa foi no Clube Portland Garden, onde as damas da sociedade se reuniam nas noites de verão para tomar daiquiris e trocar fofocas. A noite estava quente. O céu ameaçava chuva, mas ela não caiu. Dancei com Penny. Dancei com Dot. Dancei com a minha mãe. Antes da meia-noite, Penny e eu nos despedimos de todos e entramos no meu carro novo, um Cougar preto esportivo. Acelerei rumo ao litoral, a duas horas dali, onde planejávamos passar o fim de semana na casa da praia dos pais dela.

Dot telefonou a cada meia hora.

1969

De repente, um novo elenco de personagens entrava e saía do escritório. O crescimento nas vendas me permitia contratar cada vez mais representantes. A maior parte deles, ex-corredores excêntricos, como só os ex-corredores sabem ser. Mas quando era hora de vender, eles vendiam. Porque estavam inspirados pelo que tentavam fazer e porque trabalhavam recebendo apenas comissão (dois dólares o par), eles metiam o pé na estrada, chegando às pistas de corrida das escolas de ensino médio e faculdades num raio de um mil e seiscentos quilômetros, e o esforço extraordinário deles alavancava ainda mais os nossos números.

Chegamos a cento e cinquenta mil dólares em vendas em 1968 e, em 1969, estávamos beirando os trezentos mil. Embora Wallace ainda ficasse fungando no meu cangote, me perturbando para que eu desacelerasse e reclamando da minha falta de patrimônio, decidi que a Blue Ribbon estava se saindo bem o bastante para justificar um salário para seu fundador. Pouco antes do meu trigésimo quinto aniversário, tomei uma decisão arrojada: pedi demissão da Universidade Estadual de Portland e passei a trabalhar em tempo integral na empresa, pagando a mim mesmo a generosa quantia de dezoito mil dólares anuais.

Acima de tudo, disse a mim mesmo, o melhor motivo para deixar a universidade foi já ter recebido mais da instituição – Penny – do que jamais teria esperado. E também conseguira outra coisa, a qual não consegui perceber na época e não poderia imaginar como se mostraria valioso.

Na minha última semana de trabalho no campus, andando pelos corredores, notei um grupo de moças paradas diante de um cavalete. Uma delas pintava uma tela grande e, bem quando eu passava, ouvi-a lamentar-se de que não tinha condições de pagar pela aula de pintura a óleo. Parei, admirei a tela.

– A minha empresa está precisando de um artista – disse eu.

– O que disse? – ela perguntou.

– A minha empresa precisa de alguém para fazer propaganda. Gostaria de ganhar um dinheiro extra?

Eu ainda não conseguia ver motivos para gastar em propaganda, mas começava a aceitar o conceito de que não poderia mais ignorá-la. A Companhia de Seguros Standard acabara de fazer um anúncio de página inteira no *The Wall Street Journal*, divulgando a Blue Ribbon como uma das jovens empresas dinâmicas entre os seus clientes. O anúncio mostrava uma foto minha e de Bowerman... encarando um tênis. Mas não parecia que éramos inovadores na área; na verdade, mais parecia que nunca tínhamos visto um par de tênis antes. Parecíamos idiotas. Foi embaraçoso.

Em alguns de nossos outros anúncios, o modelo era ninguém mais, ninguém menos que Johnson. Vejam Johnson balançando um agasalho azul. Vejam Johnson balançando um dardo. Quando o assunto era propaganda, a nossa abordagem era primitiva e descuidada. Inventávamos à medida que avançávamos, aprendendo na hora, e dava para perceber isso. Em um anúncio – do Tiger de sola lisa para maratonas –, nos referíamos ao novo tecido como sendo "swooshfiber". Até hoje, ninguém se lembra de quem inventou a palavra ou seu significado, mas soava bem.

As pessoas nos diziam sem parar como era importante fazer propaganda, que ela era a próxima onda da moda. Sempre revirei os olhos. Mas se fotos constrangedoras e palavras inventadas – além de Johnson posando sedutoramente num sofá – se tornavam nossos anúncios, eu precisava começar a prestar mais atenção.

– Posso lhe oferecer dois dólares por hora – disse àquela artista que encontrei num corredor da universidade.

– Para fazer o quê? – ela quis saber.

– Desenhar anúncios – eu disse –, fazer anúncios, logotipos, talvez alguns gráficos e tabelas para apresentações.

Não parecia lá um trabalho muito promissor, mas a coitada estava desesperada.

Ela escreveu seu nome num pedaço de papel. Carolyn Davidson. E seu número de telefone. Enfiei-o no bolso e me esqueci por completo dele.

Contratar representantes de vendas e artistas gráficos pressupunha um grande otimismo, e eu não me considerava um otimista nato. Não que eu fosse pessimista. Em geral, eu tentava ficar no meio de campo, sem me comprometer com nenhuma das duas características. Mas, à medida que 1969 se aproximava, eu me vi encarando o vazio e pensando que o futuro poderia ser brilhante. Depois de uma boa noite de sono, depois de um esplêndido café da manhã, eu via muitos motivos para ser esperançoso. À parte nosso robusto e crescente número de vendas, a Onitsuka logo lançaria excitantes modelos novos, incluindo o Obori, cujo cabedal seria feito de um nylon leve como uma pluma. E também o Marathon, outro de nylon, cujas linhas eram elegantes como as de um Karmann Ghia. “Esses tênis se venderão sozinhos”, eu disse a Woodell muitas vezes, pendurando-os na parede de cortiça.

Além disso, Bowerman voltara da Cidade do México, onde trabalhara como um dos técnicos-assistentes da equipe olímpica americana, o que significava que ele desempenhara um papel de suma importância para que os Estados Unidos ganhassem mais medalhas de ouro do que qualquer outra equipe, do que qualquer outra nação, em toda a sua história. O meu sócio era mais do que famoso, era uma lenda.

Telefonei para Bowerman, ansioso para conversar sobre suas impressões a respeito dos Jogos e, em especial, do momento pelo qual eles jamais seriam esquecidos: o protesto de John Carlos e Tommie Smith. Parados no alto do pódio enquanto tocava o hino americano, os dois baixaram a cabeça e ergueram seus punhos cobertos por luvas pretas, um gesto chocante, que tivera a intenção de chamar a atenção para o racismo, para a pobreza, para o desrespeito aos direitos humanos. Estavam sendo condenados por aquele gesto, mas Bowerman, como eu esperava, os apoiava. Bowerman apoiava todos os corredores.

Carlos e Smith estavam descalços durante o protesto. Eles propositalmente tiraram dos pés seus tênis Puma e os deixaram nas arquibancadas. Eu disse a Bowerman que não sabia se isso havia sido bom ou ruim para a Puma. Será que qualquer tipo de publicidade era boa publicidade? Publicidade era o mesmo que propaganda? Uma quimera?

Bowerman riu e disse que não sabia.

Contou-me do comportamento escandaloso da Puma e da Adidas durante os Jogos. As duas maiores empresas de calçados esportivos do mundo – administrados por dois irmãos que se desprezavam – perseguiam uma à outra no Parque Olímpico na tentativa de conquistar atletas, como se fossem dois Keystone Kops,[12] dos pastelões do cinema mudo. Imensas somas de dinheiro vivo, muitas vezes enfiadas dentro de tênis e envelopes pardos, eram passadas adiante. Um dos representantes de vendas da Puma até foi parar na cadeia. (Havia boatos de que a Adidas armara para cima dele.) Ele era casado com uma velocista famosa, e Bowerman brincava dizendo que ele só se casara para garantir o contrato de patrocínio com ela.

12 Os filmes retratavam um grupo de policiais incompetentes que estavam sempre em alucinadas perseguições motorizadas ou a pé pelas ruas das cidades. (N. T.)

O pior é que a coisa não parou nos subornos. A Puma enviara ilegalmente para a Cidade do México quantidades imensas de tênis, enquanto a Adidas, habilmente, conseguira se esquivar das rígidas tarifas alfandegárias mexicanas. Havia boatos de que conseguiram isso produzindo um número insignificante de calçados numa fábrica em Guadalajara.

Bowerman e eu não nos sentíamos moralmente ofendidos, mas excluídos. A Blue Ribbon não tinha dinheiro para esse tipo de negócio, portanto, não era uma presença visível nas Olimpíadas.

Tivemos um mero estande na Vila Olímpica com apenas um homem trabalhando nele: Bork. Eu não sabia se Bork simplesmente ficara lá sentado lendo revistas em quadrinhos ou se não conseguira competir contra a presença maciça da Adidas e da Puma, mas, de todo modo, o estande zerou em vendas, não fechou nenhum negócio. Ninguém parou por lá.

Na verdade, uma pessoa parou. Bill Toomey, um brilhante atleta americano do decatlo, pediu alguns Tiger para mostrar ao mundo que ele não podia ser comprado. Mas Bork não tinha o tamanho dele, tampouco o tipo de calçado adequado para as provas que disputaria.

Muitos atletas treinavam com Tiger, Bowerman relatou. Nós só não tínhamos alguém de fato *competindo* com eles. Parte do motivo era a qualidade: os Tiger simplesmente ainda não eram bons o bastante. O principal motivo, porém, era dinheiro. Não tínhamos um centavo para patrocínios.

– Não estamos quebrados – eu disse a Bowerman –, só não temos dinheiro suficiente ainda.

Ele grunhiu.

– De todo modo – ele disse –, não seria maravilhoso se pudéssemos pagar os atletas? Legalmente?

Por fim, Bowerman me disse que havia trombado com Kitami nos Jogos Olímpicos.

– Não entende nada de calçados – Bowerman reclamou. – E é pretensioso demais. Muito cheio de si.

Eu estava começando a achar o mesmo. Os últimos telegramas e cartas de Kitami me passaram a sensação de que ele talvez não fosse o homem que aparentava, que não fosse tão fã da Blue Ribbon quanto demonstrara ser na minha última viagem ao Japão. Eu tinha um pressentimento ruim. Talvez estivesse prestes a anunciar um aumento dos nossos preços. Mencionei isso a Bowerman e disse que estava tomando providências para nos proteger. Antes de desligar, gabei-me, dizendo que, apesar de não termos dinheiro suficiente para pagar o cachê dos atletas, eu tinha o suficiente para comprar alguém dentro da Onitsuka. Eu tinha um homem dentro da empresa, disse eu, um homem agindo como meus olhos e meus ouvidos, monitorando Kitami.

Enviei um memorando dizendo exatamente isso a todos os funcionários da Blue Ribbon. (Naquela época, já tínhamos uns quarenta.) Apesar de eu ter me apaixonado pela cultura japonesa – ainda mantinha a minha espada de samurai ao lado da minha mesa –, também os alertei de que as práticas empresariais dos japoneses eram absolutamente desconcertantes. No Japão, não havia como prever o que a concorrência ou o seu sócio poderiam fazer. Eu desistira de tentar entender. Em vez disso, escrevi:

Dei o que, acredito, tenha sido um grande passo para nos manter informados. Contratei um espião. Ele trabalha em tempo integral no departamento de exportações da Onitsuka. Sem me alongar em explicar os motivos, apenas lhes digo que ele é confiável.

Esse espião pode lhes parecer antiético, mas o sistema de espionagem é usual e aceito no ambiente de negócios japonês. Eles, de fato, têm escolas para a formação de espiões industriais, assim como nós temos para datilógrafos e estenógrafos.

Não sei dizer o que me levou a empregar a palavra "espião" de modo tão audacioso, tão imprudente, a não ser o fato de James Bond estar na moda na época. Tampouco entendo por que, já que revelara tanto, não mencionei o nome do espião. Era Fujimoto, cuja bicicleta substituí.

Acredito que eu soubesse, em algum nível subconsciente, que o memorando era um erro, uma coisa absolutamente idiota de se fazer e da qual acabaria me arrependendo. Eu *acho* que sabia. Mas, muitas vezes, eu me via tão desconcertado quanto as práticas de negócios dos japoneses.

Kitami e o senhor Onitsuka assistiram aos Jogos Olímpicos da Cidade do México e depois voaram para Los Angeles. Voei do Oregon para me encontrar com eles e jantar num restaurante japonês em Santa Monica. Eu estava atrasado, claro, e, quando cheguei, eles mais pareciam garotos colegiais de férias. Cada um trazia um *sombrero* na cabeça. Falavam em voz alta.

Tentei entrar no clima festivo. Ajudei-os a terminar várias porções de sushi e, de forma geral, nos demos bem. No meu hotel, naquela noite, fui direto para a cama, pensando, desejando que estivesse apenas paranoico em relação a Kitami.

Na manhã seguinte, todos voamos para Portland, para que eles pudessem conhecer o pessoal da Blue Ribbon. Percebi que em minhas cartas à Onitsuka, sem falar nas conversas com eles, eu talvez tenha enaltecido em demasia a grandiosidade da nossa "sede mundial". Claro que percebi a expressão de Kitami quando entrou. E também vi o senhor Onitsuka olhando ao redor, pasmo. Apressei-me em me desculpar:

– Pode parecer pequeno – disse eu, rindo forçosamente –, mas fechamos muitos negócios nesta sala.

Olharam para as janelas quebradas, para a manopla de fechamento das janelas improvisada com um dardo de arremesso, para a parede divisória de madeira compensada. Olharam para Woodell na cadeira de rodas. Eles sentiram as paredes vibrando, por conta da jukebox do

Pink Bucket. Entreolharam-se, confusos. E eu disse a mim mesmo: “caramba, agora já era”.

Sentindo o meu embaraço, o senhor Onitsuka pousou uma mão confortadora em meu ombro.

– É... bem charmoso – disse.

Na parede do fundo, Woodell havia pendurado um mapa grande e bonito dos Estados Unidos, e colocara tachas vermelhas em todos os lugares em que havíamos vendido Tiger nos últimos cinco anos. O mapa estava coberto de pontos vermelhos. Por um instante misericordioso, a atenção foi desviada do nosso escritório. Mas, então, Kitami apontou para o leste de Montana.

– Nenhuma tacha – disse ele. – O vendedor não anda fazendo o trabalho dele.

Os dias passaram voando. Eu tentava administrar uma empresa e um casamento. Penny e eu estávamos aprendendo a viver juntos, aprendendo a moldar nossas personalidades e idiossincrasias, embora eu concordasse que ela era a única com personalidade e eu era uma idiossincrasia só. Portanto, era ela quem mais tinha a aprender.

Reclinando-me em minha poltrona todas as noites, fitando o teto, eu tentava relaxar. Dizia a mim mesmo: *A vida é crescimento. Ou você cresce ou morre.*

Quando descobrimos que Penny estava grávida, encontramos uma casa em Beaverton com menos de cento e cinquenta metros quadrados, mas com um terreno de mais de quatro mil, um pequeno curral para cavalos e uma piscina. Havia também um enorme pinheiro na frente e um bambu japonês nos fundos. Eu adorei. Mais que isso, eu a reconheci. Quando era criança, minhas irmãs muitas vezes me perguntaram como seria a minha casa dos sonhos, e um dia me deram carvão e um bloco de papel e me fizeram desenhá-la. Depois que Penny e eu nos mudamos, minhas irmãs desenterraram o antigo esboço que eu fizera. Era uma reprodução perfeita da casa em Beaverton.

A casa custava trinta e quatro mil dólares, e enchi-me de orgulho ao descobrir que possuía vinte por cento disso em economias. Por outro lado, eu dera esse montante como garantia dos meus muitos empréstimos junto ao First National. Então fui conversar com Harry White. Precisava das economias para dar entrada na casa, disse a ele, mas eu a deixaria como garantia.

– Tudo bem – foi a resposta dele. – Para isso não terei que consultar Wallace.

Naquela noite, contei a Penny que se a Blue Ribbon falisse nós perderíamos a casa. Ela levou a mão ao estômago e se sentou. Aquele era o tipo de *insegurança* que ela sempre jurou evitar. "Tudo bem", continuou dizendo, "tudo beeeeem".

Com tanto a perder, ela se sentiu compelida a continuar trabalhando na Blue Ribbon durante toda a gestação. Ela sacrificou tudo pela Blue Ribbon, mesmo seu maior desejo de se formar na faculdade. E quando não estava mais fisicamente no escritório, continuava com o serviço de mala direta em nossa própria casa. Só em 1969, apesar dos enjoos matinais, dos tornozelos inchados, do ganho de peso e da fadiga constante, Penny remeteu mil e quinhentas encomendas. Algumas delas eram apenas desenhos de pés de um ser humano, enviado por clientes de lugares distantes, mas Penny não se importava. Com toda atenção, ela combinava o desenho do pé com o calçado mais adequado e concluía o pedido. Cada venda contava.

Ao mesmo tempo que minha família ficava maior que a casa, a minha empresa também crescia. Nossa sala ao lado da Pink Bucket já não podia mais nos acomodar. E também eu e Woodell estávamos cansados de ter que berrar acima do volume da música da jukebox para sermos ouvidos. Por isso, todas as noites depois do trabalho saíamos para comer sanduíches e depois dirigíamos pela cidade à procura de um novo escritório.

Logisticamente, aquilo era um pesadelo. Woodell tinha que dirigir, porque sua cadeira de rodas não cabia no meu Cougar, e eu me sentia culpado e constrangido por ter como motorista um homem com tantas limitações. Eu também ficava enlouquecido, porque muitos dos escritórios que visitávamos só eram acessíveis se subíssemos um lance de escadas. Ou vários. Isso significava que eu teria que manobrar a cadeira de Woodell para cima e para baixo.

Em tais momentos, eu era lembrado, dolorosamente, da realidade dele. Num típico dia de trabalho, Woodell era tão positivo, tão cheio de energia, que era fácil esquecer disso. Mas ao empurrá-lo, ao manobrá-lo escada acima e abaixo, eu repetidamente me via de frente com a realidade de como ele era frágil e impotente. E rezava baixinho: *Por favor, não deixe que eu o derrube. Por favor, não deixe que eu o derrube.* Woodell, ouvindo-me, ficava tenso, e sua tensão me deixava mais nervoso.

– Relaxa – eu dizia –, ainda não derrubei nenhum paciente. Hahaha!

Não importava o que acontecesse, ele nunca perdia a compostura. Mesmo em seus momentos mais vulneráveis, quando eu o equilibrava precariamente no topo de alguma escada escura, ele nunca deixava de se ater à sua principal filosofia: *Não ouse sentir pena de mim. Estou aqui para te matar.*

(Na primeira vez em que o enviei a uma feira, a companhia aérea perdeu sua cadeira de rodas. E quando a encontraram, estava toda amassada, como um pretzel. Sem problemas. Em sua cadeira mutilada, Woodell participou da feira, conferiu todos os itens da sua lista de tarefas e voltou para casa com um sorriso de orelha a orelha – sua demonstração de "missão cumprida".)

Ao fim de cada noite de busca por um escritório novo, Woodell e eu sempre dávamos gargalhadas por causa de mais um fiasco. Antes de partir, muitas vezes fazíamos uma brincadeira. Eu pegava o cronômetro e via quanto tempo Woodell levava para dobrar a cadeira e entrar no carro. Como ex-atleta de destaque, ele adorava o desafio de um cronômetro, de tentar bater seu próprio recorde. (Seu recorde foi de quarenta e quatro segundos.) Nós dois adorávamos aquelas noites, a bobeira daquilo, a sensação de termos uma missão em conjunto, e ambos as colocamos no *ranking* das melhores lembranças da nossa juventude.

Woodell e eu éramos muito diferentes; no entanto, nossa amizade se baseava na abordagem semelhante do trabalho. Cada um de nós encontrava prazer, sempre que possível, em nos concentrar em tarefas simples. "Uma tarefa", dizíamos com frequência, "desanuvia a mente". E cada um de nós reconhecia que essa pequena tarefa de encontrar um escritório maior significava que éramos bem-sucedidos. Estávamos tocando em frente essa coisa chamada Blue Ribbon, o que demonstrava que tínhamos um profundo desejo de vencer. Ou, pelo menos, de não perder.

Apesar de não sermos muito falantes, nós despertamos um no outro essa vontade de conversar. Naquelas noites, falamos de tudo, abrimo-nos um com o outro com uma sinceridade extraordinária. Woodell contou-me detalhes da sua lesão. Se um dia eu tentasse me levar a sério demais, a história dele sempre me lembraria de que tudo podia ser pior. E o modo como ele lidava com a situação era uma lição constante e estimulante de virtude, de valor e de espírito positivo.

Disse-me que sua lesão não era comum. Tampouco absoluta. Ele ainda tinha algumas sensações e alimentava a esperança de se casar e ter uma família. Ainda tinha esperanças de se curar. Ele vinha tomando uma droga experimental, que parecia promissora para paraplégicos. O problema era o cheiro de alho. Algumas noites, em nossas expedições noturnas, Woodell exalava o cheiro de antigas pizzarias, e eu deixava isso bem claro para ele.

Perguntei-lhe – e hesitei, temendo não ter o direito de perguntar – se ele era *feliz*. Ele pensou a respeito e disse que era. Sim, era feliz. Adorava seu trabalho. Adorava a Blue Ribbon, embora algumas vezes se incomodasse com a ironia: um homem que não podia andar vendendo calçados.

Sem saber o que responder a isso, fiquei calado.

Com frequência, Penny e eu recebíamos Woodell para jantar em nossa casa nova. Ele era da família, nós o amávamos, mas também sabíamos que estávamos preenchendo um vazio em sua vida, a necessidade de companhia e de conforto doméstico. Por isso, Penny sempre queria preparar algo especial quando Woodell ia, e a coisa mais especial que conseguia pensar era frango assado. Apesar de frango afetar seu orçamento de vinte e cinco dólares para as despesas semanais, Penny simplesmente era incapaz de economizar quando se tratava de Woodell. Se eu lhe dissesse que ele iria jantar em casa, ela, num ato reflexo, já dizia: "Vou comprar frango!" Era mais do que querer ser uma boa anfitriã. Ela queria engordá-lo. Ela o estava alimentando. Woodell, creio eu, estimulava seu recém-desperto instinto maternal.

Fecho os olhos, penso no passado, e faço um esforço para me lembrar dos muitos momentos preciosos daquelas noites perdidas para sempre. Incontáveis conversas, acessos de riso. Declarações, revelações, confidências. Tudo acabou se perdendo no tempo. Lembro-me apenas de que sempre passávamos metade da noite acordados, catalogando o passado e mapeando o futuro. Lembro-me de que alternávamos, cada um descrevendo o que era a nossa pequena empresa, o que ela poderia vir a ser e o que jamais seria. Como eu queria, em apenas uma dessas noites, ter tido um gravador. Ou mantido um diário, como fiz na minha viagem ao redor do mundo.

Apesar disso, pelo menos ainda consigo me lembrar da imagem de Woodell sentado à cabeceira da nossa pequena mesa na sala de jantar, muito bem-vestido, com jeans e malha de decote V, sua marca registrada, por cima da camiseta branca. E sempre, nos pés, um par de Tiger, com as solas de borracha imaculadamente limpas.

Na época, ele deixara crescer uma barba comprida e um bigode espesso. Ora, eram os anos 1960! Eu também teria deixado a barba crescer se não precisasse ir constantemente ao banco para pedir dinheiro. Eu não poderia fazer isso parecendo um mendigo ao me apresentar diante de Wallace. A barba benfeita era uma das minhas poucas concessões.

Woodell e eu acabamos, por fim, encontrando um escritório em Tigard, ao sul do centro de Portland. Não era um prédio inteiro – não tínhamos dinheiro para isso –, mas um canto num dos andares. O restante era ocupado pela Seguradora Horace Mann. Convidativo, quase luxuoso, o novo escritório era um grande passo, e mesmo assim eu hesitei. Havia uma lógica curiosa em sermos vizinhos de uma lanchonete com música alta. Mas uma seguradora? Com corredores acarpetados, bebedouros e homens usando ternos feitos sob medida? A atmosfera era muito formal e corporativa. O nosso ambiente, eu sentia, tinha muito a ver com o nosso espírito, e o nosso espírito era grande parte do nosso sucesso; assim, preocupava-me que o nosso espírito pudesse mudar se, de repente, passássemos a dividir espaço com um bando de Homens Corporativos e autômatos.

Fui para a minha poltrona reclinável, refleti, e cheguei à conclusão de que aquela atmosfera corporativa poderia ser incongruente, contrária à nossa crença principal, mas também poderia ser a coisa certa junto ao nosso banco. Talvez Wallace, quando visse nosso novo escritório tedioso e estéril, nos tratasse com mais respeito. Além disso, o escritório era em Tigard. Vender Tiger em Tigard – talvez aquilo fosse o destino.

Depois, também pensei em Woodell. Ele disse que era feliz na Blue Ribbon, mas mencionara a ironia. Talvez fosse mais que ironia enviá-lo a escolas e faculdades para vender os Tiger que levava no carro. Talvez fosse tortura. E talvez fosse uma subutilização dos seus talentos. O que Woodell fazia de melhor era organizar o caos, solucionar problemas. Para ele isso era fácil.

Depois que assinamos o contrato de locação em Tigard, perguntei a Woodell se ele queria mudar de função, tornando-se o gerente de operações da Blue Ribbon. Chega de telefonemas de vendas. Chega de escolas. Em vez disso, estaria encarregado de lidar com todas as coisas para as quais eu nunca tinha tempo nem paciência. Como falar com Bork, em Los Angeles. Ou corresponder-se com Johnson, em Wellesley. Ou abrir um escritório novo em Miami. Ou contratar alguém para coordenar os novos representantes de vendas e organizar os relatórios deles. Ou aprovar as contas a pagar. E o melhor de tudo: Woodell teria que supervisionar a pessoa que monitorava as contas bancárias da empresa. E, agora, se não descontasse os seus contracheques, teria de explicar isso ao próprio chefe: ele mesmo.

Radiante, Woodell disse ter gostado bastante da ideia. Estendeu a mão. "Fechado", disse ele.

Ainda tinha a pegada de um atleta.

Penny foi ao médico em setembro de 1969. Uma consulta de rotina. O médico disse que tudo parecia correr bem, mas que o bebê não tinha pressa e que, provavelmente, demoraria ainda uma semana.

O resto daquela tarde Penny passou na Blue Ribbon, ajudando os clientes. Fomos juntos para casa, jantamos e nos deitamos cedo. Lá pelas quatro da manhã, ela me deu uma cotovelada.

– Não estou me sentindo bem – disse ela.

Telefonei para o médico e pedi-lhe que nos encontrasse no Hospital Emanuel.

Nas semanas anteriores ao Dia do Trabalho, treinei diversos trajetos para o hospital, o que foi ótimo, porque naquela hora, na "hora da verdade", eu estava tão nervoso que Portland, para mim, parecia Bangcoc. Tudo parecia estranho, desconhecido. Dirigi devagar, certificando-me de que cada curva era a correta. *Não vá devagar demais*, briguei comigo mesmo, *ou terá que fazer o parto do bebê no carro.*

Chuviscava. As ruas estavam desertas; os faróis, todos verdes. Os únicos sons no carro eram a respiração forçada de Penny e os limpadores guinchando no para-brisa. Encostei na frente da entrada do pronto-socorro e, enquanto a ajudava a sair do carro, ela não parava de dizer: "Provavelmente, é exagero nosso, acho que ainda não é hora".

Mesmo assim, a respiração dela parecia a minha na última volta de uma corrida. Lembro-me de uma enfermeira tirando Penny de mim, ajudando-a a se sentar em uma cadeira de rodas e empurrando-a por um corredor. Segui-as, tentando ajudar. Eu tinha um *kit* de gravidez que arrumara para mim, com um cronômetro, o mesmo que utilizara para marcar o tempo de Woodell. Nessa hora, eu contava as contrações de Penny em voz alta.

– Cinco… quatro… três…

Ela parou de arfar e me encarou. Entredente, ela disse:

– Pare… de fazer… isso.

Uma enfermeira ajudou-a a sair da cadeira, colocou-a em uma maca e levou-a dali. Fiquei para trás, no corredor que dava para um lugar do hospital que chamavam de "curral", onde os futuros papais esperavam sentados, fitando o vazio. Eu teria ficado na sala de parto com Penny, mas meu pai me aconselhara a não fazer isso. Ele me disse que eu nasci azul, e que isso o deixou muito assustado. Por isso, me disse:

– Na hora "h", esteja em qualquer outro lugar.

Sentei-me numa cadeira de plástico duro, fechei os olhos e fiquei pensando no trabalho. Depois de uma hora, abri os olhos e vi o médico na minha frente. Suor brilhava em sua testa. Ele disse algo. Isto é, os lábios dele se moviam, mas eu não conseguia ouvir. *A vida é um destino? Aqui está um girino? Você é latino?*

Então, ele disse de novo:

– É um menino.

– Um… um… menino? Sério?

– A sua esposa fez um excelente trabalho – ele dizia. – Não reclamou nem uma vez e empurrou nas horas certas. Ela fez aula de Lamaze?

– Lemans? – disse eu. – Como assim? O que disse?

Ele me levou como a um inválido pelo corredor até um quartinho. Ali, atrás de uma cortina, estava minha esposa, exausta, radiante, com o rosto todo corado. Os braços envolviam uma mantinha com carrinhos de bebê azuis. Empurrei uma pontinha da manta e pude ver uma cabeça do tamanho de uma toranja madura, com uma touquinha branca por cima. Meu filho. Ele parecia um viajante. O que, claro, ele era. Acabara de começar a sua primeira viagem pelo mundo.

Inclinei-me para baixo, beijei Penny no rosto. Afastei uma mecha de cabelo úmido do rosto dela.

– Você é o máximo – sussurrei.

Ela apertou os olhos, confusa. Pensou que eu falasse com o bebê.

– Uma campeã.

Ela me entregou meu filho. Eu o aninhei nos braços. Era tão vivo, mas tão delicado, tão indefeso. A sensação era maravilhosa, diferente de todas as outras sensações, mas, ao mesmo tempo, também algo familiar. *Por favor, cuidado para que eu não o derrube.*

Na Blue Ribbon, passei muito tempo falando sobre controle de qualidade, habilidade, entregas. Mas *isso*, percebi então, *isso* era a realidade.

– Nós fizemos isto – eu disse a Penny.

Nós. Fizemos. Isto.

Ela assentiu e se recostou. Entreguei o bebê à enfermeira e disse a Penny que descansasse. Saí flutuando do hospital e fui até o carro. Senti uma necessidade urgente de ver meu pai, ansiava por ele. Dirigi até o jornal e estacionei a alguns quarteirões de distância. Eu queria caminhar. A chuva cessara. O ar estava limpo e úmido. Entrei numa tabacaria. Visualizei-me entregando a meu pai um grande charuto cubano e dizendo:

– Oi, vovô!

Saindo da loja, com a caixa de charutos debaixo do braço, esbarrei em Keith Forman, um antigo corredor da Oregon.

– Keith! – exclamei.

– E aí, Buck?

Segurei-o pelas lapelas e gritei:

– É um menino!

Ele se inclinou para trás, confuso. Não havia tempo para explicar. Segui em frente.

Forman era famoso na equipe da Oregon por ter estabelecido o recorde na corrida de revezamento de quatro milhas. Como corredor e como contador, sempre me lembrei do tempo incrível feito por ele: dezesseis minutos, oito segundos e nove décimos. Uma estrela na equipe campeã nacional de Bowerman, Forman também fora o quinto americano a bater a barreira dos quatro minutos na corrida de uma milha. E lembrar que, apenas horas antes, eu pensava que eram *essas coisas* que faziam de alguém um campeão.

Outono. Os céus nublados de novembro estavam sempre presentes, e eu me sentava junto à lareira e fazia uma espécie de autoinventário. Eu estava completamente abastecido de gratidão. Penny e meu filho recém-nascido, a quem demos o nome de Matthew, tinham saúde. Bork, Woodell e Johnson estavam felizes. As vendas continuavam crescendo.

Mas então chegou a correspondência. Uma carta enviada por Bork. Após voltar da Cidade do México, ele parecia estar sofrendo de alguma vingança mental de Montezuma. Tinha problemas comigo, disse na carta. Não gostava do meu estilo de gestão, não gostava da minha visão para a empresa, não gostava de quanto eu estava lhe pagando. Não entendia o motivo de eu demorar semanas para responder às suas cartas e, às vezes, sequer respondê-las. Ele tinha ideias de *design* para os tênis e não gostava de como elas estavam sendo ignoradas. Depois de diversas páginas disso, ele exigia mudanças imediatas, além de um aumento de salário.

Meu segundo motim. Este, contudo, era mais complicado que o de Johnson. Passei vários dias rascunhando uma resposta. Concordei em aumentar seu salário, um pouco, e depois exerci minha autoridade. Lembrei-lhe de que em qualquer empresa havia apenas um chefe e, infelizmente para ele, o chefe na Blue Ribbon era Buck Knight. Disse-lhe que se não estivesse contente comigo ou com o meu estilo de gestão, ele deveria saber que pedir demissão ou ser demitido eram ambas opções viáveis.

Assim como ocorrera com meu "memorando sobre o espião", me arrependi quase imediatamente do que escrevera. No instante em que deixei a carta cair na caixa do correio, percebi que Bork era uma parte valiosa da equipe, que não queria perdê-lo, que não poderia me dar ao luxo de perdê-lo. Despachei Woodell, nosso novo gerente de operações, para Los Angeles, a fim de apaziguar a situação.

Woodell levou Bork para almoçar e tentou explicar que eu não andava dormindo muito, por causa do bebê e tal. Ele também disse que eu estava passando por um estresse tremendo depois da visita de Kitami e do senhor Onitsuka. Woodell brincou a respeito do meu estilo ímpar de gestão, dizendo a Bork que todos reclamavam disso, que todos se descabelavam por causa dos memorandos e das cartas nunca respondidas.

No fim das contas, Woodell ficou alguns dias com Bork, tentando acalmá-lo e avaliando toda a operação. Descobriu que Bork também estava estressado. Apesar de a loja estar prosperando, a sala de trás, que basicamente se tornara nosso depósito nacional, estava a maior bagunça. Caixas por todos os lados, faturas e documentos empilhados até o teto. Bork não estava conseguindo dar conta do ritmo.

Quando Woodell retornou, me apresentou todo o cenário.

– Acho que Bork vai continuar – disse ele –, mas temos que aliviá-lo do depósito. Temos que transferir toda a operação do depósito para cá.

Além disso, Woodell disse que teríamos de contratar a mãe dele para administrar o depósito. Ela trabalhara por anos no depósito da Jantzen, uma confecção conhecida do Oregon, por isso, não seria nepotismo, ele disse. Mamãe Woodell era perfeita para aquele trabalho.

Eu não tinha certeza se me importava. Se Woodell concordava com isso, eu também concordava. Além disso, era assim que eu via as coisas: quanto mais Woodells, melhor.

1970

Tive que voar para o Japão de novo; dessa vez, a duas semanas do Natal. Eu não gostava de deixar Penny sozinha com Matthew, ainda mais perto das festas de fim de ano, mas não havia como não ir. Eu precisava assinar um novo contrato com a Onitsuka. Ou não. Kitami mantinha o suspense. Não me contou o que achava da renovação do contrato até eu chegar.

Uma vez mais, vi-me à mesa da sala de reuniões cercado pelos executivos da Onitsuka. Desta vez, o senhor Onitsuka não fez a sua entrada tradicional nem se ausentou. Ele estava lá desde o começo, presidindo.

Abriu a reunião dizendo que pretendia renovar com a Blue Ribbon por mais três anos. Sorri pela primeira vez em semanas. Em seguida, forcei a minha vantagem. Solicitei um contrato mais longo. Sim, 1973 estava a anos-luz de distância, mas chegaria num piscar de olhos. Eu precisava de mais tempo e segurança. Os meus banqueiros precisavam de mais.

– Que tal cinco? – perguntei.

O senhor Onitsuka piscou.

– Três.

E seguiu com um discurso estranho. Apesar dos vários anos de vendas modestas mundialmente, disse ele, e dos passos mal dados estrategicamente, a perspectiva era favorável para a Onitsuka. Graças a cortes orçamentários e a uma reorganização interna, a empresa recuperara sua força. Esperava-se que as vendas do ano seguinte superassem os vinte e dois milhões de dólares, sendo que uma boa parte delas viria dos Estados Unidos. Uma pesquisa recente mostrara que setenta por cento de todos os corredores americanos possuíam um par de Tiger.

Eu sabia disso. E talvez eu tivesse alguma coisa a ver com esse resultado, quis dizer a ele. E era por isso que eu desejava um contrato mais longo.

Mas o senhor Onitsuka disse que o maior responsável pelos números favoráveis da empresa era... Kitami. Ele olhou para o outro lado da mesa, lançando um sorriso paternal para Kitami. Por causa disso, continuou o senhor Onitsuka, Kitami estava sendo promovido. Dali em diante, ele passaria a ser o gerente operacional da empresa. O Woodell da Onitsuka, embora eu me lembre de ter pensado que não trocaria um Woodell por mil Kitamis.

Curvando a cabeça, parabenizei o senhor Onitsuka pela perspectiva da empresa. Virei-me e curvei a cabeça para Kitami, parabenizando-o pela promoção. Mas quando ergui os olhos e fiz contato visual com Kitami, notei uma certa frieza em seu olhar. E essa sensação permaneceu comigo por vários dias.

Redigimos o contrato. Ele continha quatro ou cinco parágrafos, e era um tanto genérico. Cheguei a pensar que ele deveria ser mais substancial e que eu deveria submetê-lo à aprovação de um advogado, mas não havia tempo. Todos o assinamos, depois passamos para outros assuntos.

Fiquei aliviado com o novo contrato, mas voltei ao Oregon com uma sensação de inquietude, uma ansiedade, maior do que em qualquer um dos oito anos anteriores. Sim, minha maleta continha a garantia de que a Onitsuka me forneceria calçados nos três anos seguintes – mas por que se recusaram a estendê-lo para além de três? Mais que isso: esse prolongamento do contrato era enganador. A Onitsuka me garantia o fornecimento, mas suas entregas vinham sendo repetidamente atrasadas e eles ainda tinham a maldita atitude *blasé* diante disso. *Mais alguns dias.* Com Wallace agindo cada vez mais como um tubarão de empréstimos em vez de um banqueiro, mais alguns dias significavam um desastre.

E o que dizer de quando a carga da Onitsuka finalmente chegava? Frequentemente, continha o número errado de calçados. Muitas vezes, os tamanhos errados. Outras vezes, modelos errados. Esse tipo de desastre entupia os nossos depósitos e irritava os nossos representantes de vendas. Antes de partir do Japão, o senhor Onitsuka e Kitami me garantiram que estavam construindo fábricas de ponta. Os problemas de entrega logo seriam coisa do passado, disseram eles. Eu estava cético, mas não havia nada que pudesse fazer. Estava à mercê deles. Johnson, nesse meio-tempo, parecia estar perdendo a cabeça. Suas cartas, outrora resmungos angustiados, se tornaram gritos histéricos. O principal problema era o Cortez de Bowerman, ele disse. Era simplesmente popular demais. Nós havíamos viciado as pessoas no modelo, transformando-as em dependentes do tênis, e agora não conseguíamos atender à demanda, o que gerava raiva e ressentimento em todos os lados da cadeia de fornecimento.

Deus, estamos acabando com os nossos clientes, Johnson escreveu. *A felicidade é um navio carregado de Cortez; a realidade é um navio cheio de Boston, com cabedal feito de lã de aço, linguetas feitas de lâminas de barbear e tamanhos trinta e seis.*

Ele estava exagerando, mas não muito. Acontecia o tempo todo. Eu garantia um empréstimo com Wallace, depois ficava esperando que a Onitsuka enviasse os tênis, e quando o navio finalmente atracava, não trazia nenhum Cortez. Seis semanas mais tarde, traria Cortez em excesso, mas, então, já era tarde demais.

Por quê? Todos concordávamos que não poderia ser apenas em razão das fábricas decrépitas da Onitsuka. Por fim, Woodell acabou descobrindo que a Onitsuka satisfazia *primeiro* o mercado interno japonês para, só então, se preocupar com o mercado externo. Muito injusto, mas, de novo, o que eu poderia fazer? Não tinha poder de barganha.

Mesmo se as novas fábricas da Onitsuka acabassem com todos os problemas de entrega, mesmo que as remessas fossem embarcadas na hora certa, com a quantidade correta de tamanho quarenta e dois e nenhum trinta e cinco, ainda teríamos de enfrentar problemas com Wallace. Pedidos maiores demandavam empréstimos maiores, empréstimos maiores seriam mais difíceis de pagar, e, em 1970, Wallace me dizia que não estava mais interessado em continuar naquele jogo.

Lembro-me de um dia, no escritório de Wallace, em que tanto ele quanto White me pressionaram. Wallace parecia estar se divertindo, ainda que White ficasse me lançando olhares que diziam: "Desculpe, amigo, mas este é o meu trabalho". Como sempre, aceitei a humilhação por que me faziam passar, desempenhando o papel de um humilde proprietário de um pequeno negócio. Com muito arrependimento e linha de crédito curta. Eu conhecia o *script* de trás para a frente, mas me lembro de que a qualquer instante eu poderia ter perdido as estribeiras. Lá estava eu, tendo construído aquela empresa dinâmica a partir do nada e, sem dúvida, ela era bárbara – as vendas dobravam todos os anos, sem exceção –, e era esse o agradecimento que eu recebia? Dois banqueiros me tratando como se eu fosse um caloteiro?

White, tentando apaziguar a situação, disse algumas coisas em favor da Blue Ribbon. Vi que suas palavras não surtiram efeito algum em Wallace. Respirei fundo, comecei a falar, mas parei. Não confiava na minha voz. Apenas me sentei mais ereto e me abracei. Esse era o meu novo tique nervoso, meu novo hábito. Os elásticos nos pulsos não estavam mais adiantando. Toda vez que eu me sentia estressado, toda vez que tinha vontade de esganar alguém, eu passava os braços ao redor do meu tronco e apertava bem forte. Naquele dia o hábito foi mais pronunciado. Devia parecer que eu estava praticando alguma pose exótica de ioga aprendida na Tailândia.

O que se debatia ali era mais do que a velha discordância filosófica sobre crescimento. A Blue Ribbon se aproximava dos seiscentos mil dólares em vendas e, naquele dia, eu fora até lá pedir um empréstimo de um milhão e duzentos mil dólares, um número de significado simbólico para Wallace. Era a primeira vez que eu rompia a barreira de um milhão de dólares. Na cabeça dele, aquilo devia ser semelhante a bater o recorde de quatro minutos na corrida de uma milha. Bem poucas pessoas estavam destinadas a quebrá-lo. Ele estava cansado de tudo aquilo, disse, cansado de mim. Pela enésima vez, sugeri, muito educadamente, que se minhas vendas não paravam de crescer, Wallace deveria ficar feliz em me ter como cliente.

Wallace ficou batendo na mesa com a caneta. Meu crédito chegara ao máximo, anunciou. Oficial, irrevogável e imediatamente. Ele não autorizaria nem um centavo a mais até eu depositar algum dinheiro na minha conta e deixá-lo lá. Nesse meio-tempo, e dali por diante, ele imporia rigorosas cotas de vendas para mim. Se eu deixasse de atender a uma cota, disse ele, mesmo que por apenas um dia... Ele nem terminou a frase. A voz se perdeu, e eu deixei que o silêncio preenchesse as lacunas do pior dos cenários.

Virei-me para White, que me lançou um olhar: *O que eu posso fazer, amigo?*

Dias mais tarde, Woodell me mostrou um telegrama da Onitsuka. O grande carregamento da primavera estava pronto para ser despachado e eles queriam vinte mil dólares. "Maravilha", dissemos. Para variar, a entrega seria feita no prazo combinado.

Só havia um problema. Não dispúnhamos de vinte mil dólares. E se tornara evidente que eu não poderia procurar Wallace. Ele não me daria sequer uns trocados.

Por isso, mandei uma mensagem via telex para a Onitsuka e pedi-lhes, por favor, que não enviassem os tênis enquanto não entrasse mais alguma receita da nossa equipe de vendas. *Por favor, não imaginem que temos dificuldades financeiras*, escrevi. Não era bem uma mentira. Como disse a Bowerman, não estávamos falidos; simplesmente, não tínhamos dinheiro. Muitos ativos, nenhum fluxo de caixa. Simplesmente, precisávamos de mais tempo. Foi a minha vez de dizer: *mais alguns dias*.

Enquanto aguardava a resposta da Onitsuka, percebi que só havia uma maneira de resolver aquela questão do fluxo de caixa de uma vez por todas. Uma pequena oferta pública de ações. Se vendêssemos trinta por cento da Blue Ribbon a dois dólares cada ação, levantaríamos trezentos mil dólares da noite para o dia.

O momento parecia ideal. Em 1970, as primeiras empresas de capital de risco estavam começando a aparecer. Todo o conceito de capital de risco estava sendo inventado bem diante dos nossos olhos, embora a ideia do que constituía um bom investimento para quem quisesse comprar ações não estivesse muito clara ainda. A maioria das empresas de capital de risco se situava no norte da Califórnia, por isso, os investidores se interessavam mais por empresas de alta tecnologia e eletrônicos. Do Vale do Silício, quase exclusivamente. Como a maioria dessas empresas tinha nomes futurísticos, criei uma *holding* para a Blue Ribbon e escolhi um nome pensando em atrair os investidores que usualmente se voltavam para o mercado de tecnologia: Sports-Tek Inc.

Woodell e eu enviamos prospectos anunciando a oferta, depois nos preparamos para uma reação estrondosa.

Silêncio.

Um mês se passou.

Silêncio ensurdecedor.

Ninguém telefonou. Absolutamente ninguém.

Isto é, quase ninguém. Conseguimos vender trezentas cotas, a um dólar cada.

Para Woodell e a mãe dele.

No fim das contas, retiramos a nossa oferta. Foi humilhante. Logo em seguida, mantive debates acalorados comigo mesmo. Culpei a economia instável. Culpei o Vietnã. Mas, acima de tudo, culpei a mim mesmo. Eu sobrevalorizara a Blue Ribbon. Sobrevalorizara o trabalho da minha vida.

Mais de uma vez, com a minha primeira xícara de café na mão pela manhã ou enquanto tentava dormir à noite, eu dizia a mim mesmo: *Será que eu sou um tolo? Será que essa coisa toda de tênis foi apenas o devaneio de um idiota?*.

Talvez, pensei.

Talvez.

Consegui juntar os vinte mil dólares com nosso Contas a Receber, paguei o empréstimo junto ao banco e mandei fazer a entrega do pedido da Onitsuka. Mais um suspiro de alívio. Seguido de um aperto no peito. O que eu faria na próxima vez? E na seguinte?

Eu precisava de dinheiro. Aquele verão estava extraordinariamente quente. Dias melancólicos sob a luz dourada do Sol, céu de brigadeiro. O mundo era o paraíso. Tudo parecia zombar do meu humor. Se 1967 fora o Verão do Amor, 1970 era o Verão da Liquidez, e eu não tinha nenhuma. Passei quase todos os dias pensando em liquidez, falando sobre liquidez, olhando para o céu e implorando por liquidez. Meu reino pela liquidez. Uma palavra ainda mais odiada do que "patrimônio".

No fim, acabei fazendo o que não queria, o que jurara jamais fazer. Comecei a pedir dinheiro a qualquer um que conseguisse me ouvir.

Amigos, família, conhecidos. Cheguei a pedir dinheiro para antigos companheiros de equipe, caras com quem suara e treinara e correra lado a lado. Inclusive meu antigo arquirrival, Grelle.

Ouvi dizer que Grelle herdara uma boa soma da avó. Além disso, ele estava envolvido em diversos negócios diferentes e lucrativos. Trabalhava como vendedor em duas cadeias de supermercados e, ao mesmo tempo, nas horas vagas, vendia capelos e becas para formandos e as duas frentes pareciam ir muito bem. Ele também possuía um belo terreno no lago Arrowhead, alguém mencionou, e morava lá em uma casa grande. O homem nascera para vencer. (E ele ainda participava de competições, faltando um ano para se tornar o melhor do mundo.)

Naquele verão, haveria uma corrida em Portland. Penny e eu convidamos um grupo de pessoas para vir à nossa casa. Certifiquei-me de convidar Grelle, e depois esperei pelo momento certo. Quando todos estavam à vontade, chamei Grelle para conversarmos em particular. Levei-o ao meu escritório e fiz o meu discurso com calma e tranquilidade. Empresa nova, problemas com fluxo de caixa, possibilidade de lucro considerável, blá-blá-blá. Ele foi educado, atencioso, sorriu de maneira agradável.

– Não estou interessado, Buck.

Sem ninguém mais a quem recorrer, sem outras opções, estava eu, certo dia, sentado à escrivaninha, olhando para a janela, quando Woodell bateu à porta. Entrou com sua cadeira de rodas e fechou a porta. Disse que ele e os pais queriam emprestar cinco mil dólares, e que não aceitariam um não como resposta. Tampouco aceitariam qualquer menção de pagamento com juros. Na verdade, eles sequer formalizariam o empréstimo com algum tipo de documentação. Ele estava indo a Los Angeles para tratar com Bork, mas, enquanto estivesse lá, ele disse, eu deveria ir até a casa dele e buscar o cheque com seus pais.

Dias mais tarde, fiz algo além do imaginável, algo que julguei-me incapaz de fazer. Dirigi até a casa de Woodell e pedi o cheque.

Eu sabia que os Woodell não estavam tão bem de vida assim. Sabia que, com as despesas médicas do filho, sua vida financeira andava ainda mais difícil que a minha. Aqueles cinco mil eram todas as suas economias. Eu sabia disso.

Mas eu estava errado. Os pais tinham um pouco mais e me perguntaram se eu precisava daquele adicional também. E eu disse que sim. E eles me deram os últimos três mil dólares que possuíam, esgotando suas reservas.

Como desejei poder colocar aquele cheque na gaveta da mesa e não compensá-lo. Mas eu sabia que não podia fazer isso.

A caminho da saída, perguntei-lhes:

– Por que estão fazendo isso?

– Porque se não podemos confiar na empresa na qual nosso filho trabalha – a mãe de Woodell respondeu –, em quem poderemos confiar?

Penny continuamente encontrava maneiras criativas de fazer render os vinte e cinco dólares semanais para as despesas da casa, o que significava cinquenta tipos diferentes de estrogonofe de carne, o que me fazia engordar cada vez mais. Na metade de 1970, eu estava pesando oitenta e seis quilos, o meu maior peso até então. Certa manhã, vestindo-me para trabalhar, coloquei um dos meus ternos mais folgados e não estava mais folgado. Parado diante do espelho, eu disse para o meu reflexo:

– Ai, ai…

Mas não era apenas o estrogonofe. Aos poucos, eu perdera o hábito de correr. Blue Ribbon, casamento, paternidade – eu simplesmente não tinha mais tempo. E também me sentia exaurido. Apesar de ter amado correr para Bowerman, também odiei. A mesma coisa acontece com todos os atletas universitários. Anos de treinamento e de competições de alto nível acabam pesando. Você precisa descansar. Mas chega de descanso. Eu precisava voltar a correr. Não queria ser o presidente obeso, flácido e sedentário de uma empresa de tênis de corrida.

E se ternos apertados e o fantasma da hipocrisia não fossem incentivo suficiente, outra motivação logo apareceu.

Pouco depois daquela corrida na cidade, após Grelle se recusar a me emprestar dinheiro, ele e eu fomos correr. Depois de seis quilômetros, vi que Grelle ficava olhando para mim, com tristeza, enquanto eu arfava e me esforçava para tentar acompanhá-lo. Uma coisa era ele se recusar a me dar seu dinheiro, outra coisa completamente diferente era ele me dar sua piedade. Ele sabia que eu estava envergonhado, por isso, me desafiou:

– No próximo outono, você e eu vamos apostar uma corrida de uma milha. Vou te dar um minuto de vantagem e, se você vencer, pagarei um dólar para cada segundo de diferença entre os nossos tempos.

Treinei a valer naquele verão. Adquiri o hábito de correr dez quilômetros todas as noites. Não demorou e entrei em forma de novo, voltando ao meu peso de setenta e dois quilos. Quando chegou o dia da grande corrida – com Woodell no comando do cronômetro –, ganhei trinta e seis dólares de Grelle. (A vitória tornou-se ainda mais doce quando, na semana seguinte, Grelle participou de outra corrida e seu tempo foi de quatro minutos e sete segundos.) Quando voltei dirigindo para casa naquela noite, eu estava imensamente orgulhoso. *Siga em frente,* disse a mim mesmo. *Não pare.*

Quase chegávamos à metade do ano – 15 de junho de 1970 – quando peguei a edição da *Sports Illustrated* da caixa do correio e levei um choque. Na capa estava o Homem do Oregon. Não um Homem do Oregon qualquer, mas talvez o melhor de todos os tempos, melhor até do que Grelle. Seu nome era Steve Prefontaine e, na foto, ele corria na lateral do Olimpo, também conhecido como Montanha de Bowerman.

O artigo descrevia Pre como um fenômeno surpreendente, único em sua geração. Ele já se destacara no ensino médio, marcando um recorde nacional (oito minutos e quarenta e um segundos) para a corrida de duas milhas, mas agora, em seu primeiro ano na Oregon, correndo as duas milhas, ele vencera Gerry Lindgren, que antes havia sido considerado invencível. E ganhara dele com vinte e sete segundos de vantagem. Pre marcou oito minutos e quarenta segundos, o terceiro tempo mais rápido do país naquele ano. Também correra três milhas em treze minutos, doze segundos e oito décimos, o que, em 1970, era mais rápido do que qualquer um no mundo inteiro.

Bowerman disse ao repórter da *Sports Illustrated* que Pre era o corredor de meia distância mais rápido vivo. Nunca vira tanto entusiasmo vindo do meu treinador impassível. Nos dias seguintes, em outras matérias que reuni, Bowerman foi ainda mais efusivo, chamando Pre de "o melhor corredor que já treinei". O assistente de Bowerman, Bill Delliger, disse que a arma secreta de Pre era a sua confiança, tão assustadora quanto a sua capacidade pulmonar.

– De modo geral – disse Dellinger –, nossos rapazes precisam de doze anos para confiar em si mesmos, e aqui temos um jovem que demonstra essa atitude naturalmente.

Sim, pensei eu. Confiança. Mais do que patrimônio, mais do que liquidez, era disso que um homem precisava.

Desejei ter mais confiança. Desejei poder pedir emprestado de alguém. Mas confiança é como dinheiro. Você precisa ter para ganhar. E algumas pessoas odeiam doar a delas.

Outra revelação chegou a mim por intermédio de outra revista. Ao folhear a *Fortune*, vi uma matéria a respeito do meu antigo patrão no Havaí. Nos anos seguintes aos que trabalhei para Bernie Cornfeld e seus investidores, ele se tornara ainda mais rico. Abandonara a Fundos Dreyfus e começara a vender ações dos próprios fundos mútuos, além de minas de ouro, imóveis e diversas outras coisas. Construíra um império e, assim como todos os impérios, o dele começava a ruir. Fiquei tão surpreso com a notícia da sua derrocada que virei a página meio atordoado para a matéria seguinte, uma análise bastante seca do poder econômico recente do Japão. Vinte e cinco anos depois de Hiroshima, dizia o artigo, o Japão renascera. Terceira maior economia mundial, tomava medidas agressivas para crescer ainda mais, consolidando sua posição e aumentando suas riquezas. Além de simplesmente pensar adiante e trabalhar mais que outros países, o Japão adotava práticas de negócios mais implacáveis. O artigo, em seguida, esboçava o principal veículo para essas políticas comerciais: a hiperagressiva *sogo sosha* japonesa. Empresas de *trading*.

Era difícil dizer exatamente o que eram essas primeiras empresas japonesas de *trading*. Às vezes, eram importadoras, percorrendo o mundo atrás de matéria bruta para as empresas que não dispunham de meios para fazê-lo. Em outros momentos, eram exportadoras, representando essas mesmas empresas no exterior. Outras vezes, eram bancos privados, fornecendo linhas de crédito fácil a todo tipo de empresa. Em alguns casos, eram um braço do governo japonês.

Guardei essa informação por alguns dias. Na vez seguinte em que fui ao First National, depois de Wallace me fazer sentir novamente como se eu fosse um vagabundo pedinte, saí de lá e vi o letreiro do Bank of Tokyo. Eu já vira aquele letreiro centenas de vezes antes, claro, mas agora ele tinha um significado diferente. Atordoado, atravessei a rua, fui direto para o banco e me apresentei à mulher da recepção. Disse que era dono de uma empresa de calçados, a qual importava tênis do Japão, e queria conversar com alguém a respeito de negócios. A mulher, discreta e prontamente, levou-me a uma sala nos fundos. E me deixou lá.

Depois de dois minutos, um homem entrou e se sentou silenciosamente à mesa. Ele esperou. Eu esperei. Ele continuou esperando. Por fim, eu falei:

– Tenho uma empresa.

– Pois não? – disse ele.

– Uma empresa de calçados.

– Sim? – ele disse.

Abri minha pasta.

– Aqui estão os meus demonstrativos contábeis. Estou numa situação difícil. Preciso de crédito. Acabei de ler um artigo na *Fortune* sobre empresas japonesas de *trading*, e o artigo dizia que essas empresas são mais livres na concessão de crédito... Bem, o senhor conhece alguma empresa desse tipo para a qual possa me apresentar?

O homem sorriu. Ele lera a mesma matéria. E disse que, por acaso, o escritório da sexta maior empresa de *trading* japonesa estava acima das nossas cabeças, no último andar daquele mesmo prédio. Todas as principais empresas de *trading* japonesas tinham escritórios em Portland, explicou-me, mas essa em especial, Nissho Iwai, era a única em Portland com seu próprio departamento de *commodities*.

– Trata-se de uma empresa de cem bilhões de dólares – disse o banqueiro, arregalando os olhos.

– Puxa vida! – exclamei.

– Espere um instante, por favor – disse ele antes de sair da sala.

Minutos mais tarde, ele voltou com um executivo da Nissho Iwai. Seu nome era Cam Murakami. Apertamos as mãos e conversamos, hipoteticamente, sobre a possibilidade de a Nissho financiar as minhas futuras importações. Eu estava curioso. Ele estava muito curioso. Ofereceu-me um acordo na mesma hora e estendeu a mão, mas eu ainda não podia apertá-la. Ainda não. Primeiro, teria de deixar a situação clara com a Onitsuka.

Enviei um telegrama naquele mesmo dia a Kitami, perguntando se existia alguma objeção da parte deles quanto a fazermos negócios com a Nissho. Dias se passaram. Semanas. Com a Onitsuka, o silêncio podia significar qualquer coisa. Nenhuma notícia era uma má notícia ou uma boa notícia – mas nenhuma notícia sempre representava algum tipo de notícia.

Enquanto aguardava uma resposta, recebi um telefonema perturbador. Um distribuidor de sapatos na Costa Leste disse que fora abordado pela Onitsuka para que se tornassem os novos distribuidores americanos. Pedi-lhe que repetisse, devagar dessa vez. E ele repetiu. Disse que não estava tentando me deixar bravo. Tampouco tentava me ajudar ao me alertar. Só queria saber em que ponto estava o meu contrato.

Comecei a tremer. Meu coração acelerou. Meses depois de ter assinado um novo contrato comigo, a Onitsuka estava pensando em rompê-lo? Será que se assustaram quando pedi que segurassem o carregamento na primavera? Será que Kitami simplesmente decidira que não se importava comigo?

Minha única esperança era que esse distribuidor da Costa Leste estivesse mentindo. Ou tivesse se enganado. Ou, talvez, tivesse interpretado mal a Onitsuka. Teria sido uma questão de barreira de idiomas?

Escrevi a Fujimoto. Disse-lhe que esperava que estivesse aproveitando a bicicleta que eu comprei (Sutil.) e pedi-lhe que descobrisse tudo o que pudesse.

Ele me respondeu de imediato. O distribuidor dissera a verdade. A Onitsuka estava considerando romper com a Blue Ribbon, e Kitami vinha entrando em contato com diversos distribuidores nos Estados Unidos. Ainda não haviam se decidido pela quebra do meu contrato, Fujimoto acrescentou, mas candidatos estavam sendo avaliados.

Tentei me concentrar no lado bom. Ainda não tinham decidido. Isso significava que ainda havia esperanças, que eu ainda tinha a possibilidade de garantir a confiança da Onitsuka, de mudar a cabeça de Kitami. Só teria de lembrá-lo de quem era a Blue Ribbon, e de quem eu era. O que significava convidá-lo a vir aos Estados Unidos para uma visita amigável.

1971

– Adivinha quem vem para o jantar? – Woodell perguntou.

Ele entrou com a cadeira de rodas no meu escritório e me entregou um telex. Kitami aceitara o convite. Viria a Portland passar alguns dias e, depois, faria um *tour* pelos Estados Unidos, por motivos que se negou a dizer.

– Vai visitar outros distribuidores em potencial – eu disse a Woodell.

Ele assentiu.

Era março de 1971. Prometemos que Kitami se divertiria como nunca na vida e que voltaria para casa apaixonado pelos Estados Unidos, pelo Oregon, pela Blue Ribbon – e por mim. Quando tivéssemos terminado com ele, ele seria incapaz de fechar negócios com qualquer outra pessoa. Por isso, concordamos que a visita deveria se encerrar com um evento importante, com um jantar de gala na casa do nosso maior ativo: Bowerman.

Para organizar essa ofensiva irresistível, eu naturalmente convoquei Penny. Juntos, fomos buscar Kitami no aeroporto e o levamos direto para o litoral do Oregon, para o chalé de frente para o mar dos pais dela.

Kitami estava acompanhado de uma espécie de carregador de bagagem, um assistente pessoal, um secretário, chamado Hiraku Iwano. Ele era apenas um garoto inocente, com pouco mais de vinte anos, e Penny já o tinha em suas mãos antes mesmo de chegarmos à Sunset Highway.

Nós dois nos esforçamos para propiciar a esses dois homens um fim de semana idílico no Noroeste do Pacífico. Sentamo-nos com eles na varanda e respiramos o ar puro do mar. Levamos os dois a longos passeios pela praia. Tentamos concentrar nossa atenção em Kitami, mas tanto Penny quanto eu achamos mais fácil conversar com Iwano, que lia livros e parecia mais sincero. Kitami, por sua vez, era um sujeito claramente muito mais astucioso. Na segunda-feira, logo cedo, levei Kitami de volta a Portland, ao First National. Assim como estava determinado a encantá-lo naquela viagem, pensei que ele poderia me ajudar a encantar Wallace. Quem sabe a presença de Kitami afiançando a Blue Ribbon facilitasse a obtenção de crédito.

White nos recebeu na recepção e nos levou à sala de reuniões. Olhei ao redor.

– Onde está Wallace? – perguntei.

– Ah – White disse –, ele não poderá se juntar a nós hoje.

Como assim? Wallace era o motivo daquela visita ao banco. Eu queria que Wallace ouvisse o endosso de Kitami. Bom, fazer o quê, pensei. O policial bonzinho simplesmente teria que passar o recado para o policial malvado.

Eu disse algumas palavras introdutórias, expressei minha confiança de que Kitami reforçaria a fé do First National na Blue Ribbon e depois passei a palavra ao próprio Kitami, que fechou a cara e fez a única coisa capaz de dificultar a minha vida.

– Por que não dá mais *dinheiro* aos meus amigos? – ele perguntou a White.

– C-c-como? – White perguntou.

– Por que se recusa a ampliar o crédito à Blue Ribbon? – Kitami perguntou, batendo na mesa com o punho fechado.

– Bem, é que… – White titubeou.

Kitami o interrompeu.

– Que tipo de banco é este? Não entendo! Talvez a Blue Ribbon fique melhor sem vocês!

White empalideceu. Tentei me meter. Tentei emendar o que Kitami estava dizendo, culpando a barreira da língua, mas a reunião tinha acabado. White saiu apressado e eu, sem entender nada, encarei Kitami, cuja expressão parecia dizer: "bom trabalho!".

Levei Kitami até nosso novo escritório em Tigard e mostrei tudo a ele, apresentando todo o pessoal. Eu me esforçava para manter a compostura, para continuar sendo agradável e bloquear quaisquer pensamentos sobre o que acabara de acontecer. Temia que a qualquer segundo fosse me descontrolar. Mas quando acomodei Kitami em uma cadeira diante da minha mesa, foi ele quem se descontrolou:

– As vendas da Blue Ribbon são desapontadoras! – exclamou ele. – Vocês deveriam estar se saindo muito melhor.

Atônito, disse-lhe que nossas vendas duplicavam a cada ano. Mas ele respondeu que isso não era bom o bastante.

– Deveriam triplicar, dizem algumas pessoas.

– Que pessoas? – perguntei.

– Esqueça.

Ele pegou uma pasta da maleta, abriu-a, leu-a e voltou a fechá-la. Repetiu que não gostava dos nossos números, que não achava que estávamos vendendo tão bem. Reabriu a pasta, fechou-a novamente, enfiou-a na maleta. Tentei me defender, mas ele fez um gesto de desgosto com a mão. Retrucamos um com o outro por um tempo, de modo civilizado, porém tenso.

Depois de quase uma hora, ele se levantou e perguntou se poderia usar o banheiro masculino. Indiquei que ficava no fim do corredor.

No instante em que ele saiu da minha vista, saltei da minha escrivaninha. Abri a maleta dele e vasculhei-a até encontrar a pasta que ele parecia ter consultado antes. Escondi-a embaixo do mata-borrão, voltei para meu posto atrás da escrivaninha e apoiei os cotovelos sobre o mata-borrão. Enquanto esperava que Kitami voltasse, um pensamento estranho me ocorreu. Lembrei-me de todas as vezes em que trabalhei como voluntário para os escoteiros, das vezes em que participei dos comitês da Eagle Scouts, entregando as medalhas de mérito por honra, honestidade, e agora ali estava eu, roubando documentos da maleta de outro homem. Acabara de tomar um caminho sombrio. E sem saber aonde esse caminho me levaria. De todo modo, não havia como pensar nas consequências imediatas desse meu ato. Eu me recusaria a participar do próximo comitê.

Como eu desejava ler o conteúdo daquela pasta, tirar cópias de cada uma daquelas folhas e contar tudo para Woodell! Mas Kitami logo voltou. Deixei que voltasse a me criticar pelos números baixos, deixei que se exaurisse de falar, e quando ele parou, reafirmei minha posição. Tranquilamente, eu lhe disse que a Blue Ribbon poderia aumentar as vendas se pudéssemos encomendar mais pares, que poderíamos encomendar mais pares se tivéssemos um financiamento maior, e que o nosso banco poderia nos dar um financiamento maior se tivéssemos mais segurança, o que pressupunha um contrato mais longo com a Onitsuka. Uma vez mais, ele gesticulou.

– Apenas desculpas – disse ele.

Lancei a ideia de financiar nossos pedidos por meio de uma empresa de *trading* japonesa, como a Nissho Iwai, conforme mencionara em telegrama meses antes.

– Bá! – disse ele. – Empresas de *trading*. Eles mandam o dinheiro primeiro e os homens depois. Assumem o comando! Entram na empresa e assumem o controle.

Tradução: a Onitsuka só fabricava um quarto dos seus próprios calçados e subcontratava os outros três quartos. Kitami temia que a Nissho encontrasse as outras fábricas da Onitsuka e, depois, fosse diretamente a elas e se tornasse um fabricante, expulsando a Onitsuka do negócio.

Kitami se levantou. Disse que precisava voltar ao hotel para descansar. Respondi-lhe que o levaria de carro e que o encontraria mais tarde para um drinque no bar do hotel.

No instante em que ele foi embora, fui até Woodell e contei-lhe o que havia acontecido, mostrando-lhe a pasta.

– Roubei *isto* da maleta dele – disse.

– Você fez o *quê*? – Woodell perguntou.

Ele parecia chocado, mas estava tão curioso quanto eu a respeito do conteúdo da pasta.

Juntos, nós a abrimos e espalhamos o conteúdo sobre a mesa, descobrindo, entre outras coisas, uma lista de dezoito outros distribuidores de tênis de atletismo nos Estados Unidos e uma agenda de reuniões com metade deles.

Então era isso mesmo. Estava ali, preto no branco. Algumas pessoas dizem. As "algumas pessoas" condenando a Blue Ribbon, envenenando Kitami contra nós, eram os nossos concorrentes. E ele iria visitá-los. Acabe com um cowboy da Costa Leste, outros vinte aparecerão para tomar o lugar dele.

Claro que me senti ultrajado. Mas, mais do que isso, fiquei magoado. Por sete anos nos dedicamos a vender os tênis Tiger. Nós os apresentamos ao mercado americano. Bowerman e Johnson mostraram à Onitsuka como melhorar o calçado e seus desenhos eram, agora, a base dos novos modelos, batendo recordes de venda, mudando a cara da indústria... E era assim que ele nos recompensava?

– E agora – disse a Woodell –, preciso ir me encontrar com esse Judas.

Primeiro, saí para correr dez quilômetros. Não sei quando corri mais forte ou estive menos presente em meu próprio corpo. A cada passada eu gritava com as árvores, berrava para as teias de aranha penduradas nos galhos. Ajudou. Depois que tomei banho, me troquei e fui me encontrar com Kitami em seu hotel, eu estava quase sereno. Ou, talvez, em estado de choque. Não me lembro de nada do que Kitami disse durante aquela hora em que estivemos juntos, tampouco do que eu disse. Só me lembro disso: na manhã seguinte, quando Kitami entrou no meu escritório, Woodell e eu fizemos uma espécie de jogo de ilusões. E enquanto alguém acompanhava Kitami até a sala do café, Woodell bloqueava a porta do meu escritório com a cadeira de rodas, e eu voltava a guardar a pasta na maleta dele.

No último dia da visita de Kitami, horas antes do grande jantar, fui até Eugene para conversar com Bowerman e seu advogado, Jaqua. Pedi a Penny que fosse mais tarde, acompanhando Kitami. *O que de pior pode acontecer?*, pensei.

E então Penny estacionou na porta da casa de Bowerman, com o cabelo bagunçado e o vestido sujo de graxa. Ela me puxou de lado e explicou que o pneu havia furado. "Aquele maldito", ela sussurrou, "ficou no carro, no meio da estrada, e deixou que eu trocasse o pneu sozinha!".

Levei-a para dentro. A senhora Bowerman nos levou à sala de estar.

– Bem-vindos, nossos convidados ilustres – ela anunciou.

Aplausos.

Para Kitami, essa visita aos Estados Unidos – e a ida ao banco, as reuniões comigo, o jantar com os Bowerman – não tinha nada a ver com a Blue Ribbon. Nem com a Onitsuka. Como todo o resto, tinha a ver apenas com Kitami.

Kitami saiu de Portland no dia seguinte para sua missão não tão secreta, para sua turnê americana de dispensa da Blue Ribbon. Voltei a perguntar-lhe sobre seu destino a partir dali e, de novo, ele não respondeu. *Yoi tabi de arimas yoh ni*, disse eu. Boa viagem.

Há pouco tempo, eu pedira a Hayes, meu antigo chefe na Price Waterhouse, que fizesse um trabalho de consultoria para a Blue Ribbon. Fui falar com ele para tentarmos decidir qual deveria ser meu passo seguinte antes do regresso de Kitami. Concordamos que o melhor a fazer seria manter a paz e tentar convencer Kitami a não nos deixar, não nos abandonar. Por mais bravo e magoado que eu estivesse, precisava aceitar que a Blue Ribbon estaria perdida sem a Onitsuka. Hayes disse que eu precisava permanecer ao lado do diabo que eu já conhecia e persuadir esse diabo a permanecer, ele também, com o diabo que ele conhecia.

Mais tarde naquela semana, quando o diabo voltou, convidei-o para vir a Tigard para uma última visita antes do seu voo para casa. Mais uma vez, tentei passar por cima de tudo que tinha acontecido. Levei-o à sala de reuniões, Woodell e eu nos sentamos lado a lado na mesa e Kitami e seu assistente, Iwano, do lado oposto. Eu grudei um enorme sorriso no rosto e disse que esperávamos que ele tivesse aproveitado a sua visita ao nosso país.

Ele repetiu que estava desapontado com a performance da Blue Ribbon.

Dessa vez, contudo, disse que tinha uma solução.

– Pode falar – eu disse.

– Venda-nos a sua empresa.

Ele disse isso com muita suavidade. Passou-me pela cabeça o pensamento de que as coisas mais difíceis da vida nos são ditas com suavidade.

– O que disse?

– A Onitsuka Co. Ltd. deseja adquirir o controle acionário da Blue Ribbon. Cinquenta e um por cento. É o melhor negócio para a sua empresa. E para você. Seria aconselhável que você aceitasse.

Uma aquisição. *Uma maldita de uma aquisição forçada.* Olhei para o teto. *Você só pode estar brincando*, pensei. De todas as manobras arrogantes, ardilosas, mal-agradecidas e...

– E se não aceitarmos?

– Não teremos opção a não ser contratar distribuidores mais eficientes.

– Mais eficientes. Entendo. Hum-hum. E quanto ao nosso contrato firmado?

Ele deu de ombros. Que importância tinham contratos?

Eu não podia permitir que a minha mente fosse aos lugares para os quais ela desejava ir. Não poderia dizer a Kitami o que achava dele ou onde eu achava que ele deveria enfiar a sua proposta, porque Hayes estava certo, eu ainda precisava dele. Eu não tinha a quem recorrer, não tinha um plano B, nenhuma saída estratégica. Se eu pretendia salvar a Blue Ribbon, isso tinha de ser feito devagar, no meu próprio tempo, a fim de não assustar clientes e revendedores. Eu precisava de tempo, portanto, precisava que a Onitsuka continuasse a me enviar tênis por mais tanto tempo quanto possível.

– Muito bem – disse eu, me esforçando para controlar a voz. – Mas você sabe que tenho um sócio. O treinador Bowerman. Tenho que discutir a sua oferta com ele.

Eu tinha certeza de que Kitami perceberia minha tentativa amadora de ganhar tempo, mas ele se levantou, ajeitou as calças e sorriu.

– Converse com o doutor Bowerman. E volte a falar comigo.

Quis bater nele. Em vez disso, apertei-lhe a mão. Ele e Iwano saíram.

Na sala de reuniões subitamente destituída da presença de Kitami, Woodell e eu olhamos para a mesa e deixamos que o silêncio nos envolvesse.

Enviei meu orçamento e minha previsão anual de vendas para o First National, com o pedido de crédito padrão. Quis mandar também um bilhete de desculpas, implorando perdão pelo que Kitami dissera, mas sabia que White não se importara com o episódio. Além disso, Wallace não o presenciara. Dias depois de receber meus documentos, White me pediu que fosse até lá, pois estava pronto para discutir o assunto.

Eu estava sentado na cadeira dura diante da mesa dele há dois segundos quando ele me deu a notícia:

– Phil, lamento, mas o First National não poderá mais fazer negócios com a Blue Ribbon. Não emitiremos mais cartas de crédito em seu nome. Pagaremos seus próximos pedidos quando eles chegarem com o que resta na sua conta, mas quando a última fatura for paga, o nosso relacionamento será encerrado.

Pela palidez de White, vi que ele estava inconformado. Aquela era uma decisão que vinha do alto, de modo que não havia como discutir. Abri os braços.

– O que eu faço, Harry?

– Encontre outro banco.

– E se eu não conseguir? Perco o meu negócio, certo?

Ele baixou os olhos para os documentos, prendeu-os com um clipe de papel. Disse que a questão da Blue Ribbon tinha dividido opiniões entre os executivos do banco. Alguns estavam do nosso lado, outros contra. No fim, foi Wallace quem deu o voto decisivo.

– Estou cansado disso – White disse. – Fiquei tão mal que vou tirar um dia de folga.

Eu não tinha essa opção. Saí cambaleando do First National e fui direto para o U.S. Bank. Implorei que me aceitassem.

Sentimos muito, disseram eles.

Não tinham nenhum interesse em ficar com os problemas de segunda mão do First National.

Três semanas se passaram. A empresa, a minha empresa nascida do nada, que chegava ao final de 1971 com um milhão e trezentos mil dólares em vendas, respirava por aparelhos. Conversei com Hayes. Conversei com meu pai. Conversei com todos os contadores que conhecia, e um deles mencionou que o Bank of California tinha uma licença que lhes permitia trabalhar com três estados no Noroeste, inclusive o Oregon. Além do mais, o Bank of California tinha uma filial em Portland. Corri para lá e, de fato, eles me receberam bem, me deram abrigo durante a tempestade. Uma pequena linha de crédito.

Ainda assim, era uma solução de curto prazo. Eles eram um banco, afinal, e bancos são, por definição, avessos ao risco. A despeito das minhas vendas, o Bank of California logo enxergaria o meu saldo de caixa zerado. Eu precisava começar a me preparar para outra tempestade.

Meus pensamentos viviam voltando para a empresa de *trading* Nissho. Tarde da noite, eu pensava: eles têm cem bilhões de dólares em receita… e querem desesperadamente ajudar a *mim*? Por quê?

Para começar, a Nissho captava enormes volumes de negócios com pequenas margens de lucro, por isso adorava empresas com grandes chances de prosperar. Ou seja, alguém como nós. Com certeza. Aos olhos de Wallace e do First National, éramos uma mina terrestre; para a Nissho, éramos uma potencial mina de ouro.

Por isso, voltei até lá. Encontrei-me com Tom Sumeragi, o homem enviado do Japão para administrar o departamento geral de *commodities*. Graduado pela Universidade de Tóquio, a Harvard do Japão, Sumeragi se parecia muito com o maravilhoso ator Toshiro Mifune, famoso por sua interpretação de Myiamoto Musashi, o lendário guerreiro samurai e autor do clássico manual de combate e força interior, *O livro dos cinco anéis*.

Ele me disse que a Nissho estava disposta a assumir o risco dos empréstimos feitos junto ao banco, o que, seguramente, acalmaria os banqueiros. Também me ofereceu uma informação valiosa: contou-me que a Nissho, recentemente, enviara uma delegação a Kobe para investigar o financiamento dos calçados para nós e convencer a Onitsuka a permitir que esse acordo fosse feito, mas a Onitsuka expulsara a delegação da Nissho. Uma empresa de vinte e cinco milhões de dólares expulsando uma de cem bilhões? A Nissho estava embaraçada e irritada.

– Podemos apresentá-lo a muitos fabricantes de calçados esportivos de qualidade no Japão – disse Sumeragi, sorrindo.

Ponderei. Eu ainda tinha alguma esperança de que a Onitsuka recuperasse o bom senso. E me preocupava com um parágrafo do nosso contrato que nos proibia de importar qualquer outro tênis de atletismo de outra marca.

– Quem sabe mais para a frente… – respondi.

Sumeragi assentiu. Tudo a seu tempo.

Preocupado com todo esse drama, eu estava sempre cansado quando chegava em casa, à noite, mas melhorava um pouco depois da corrida de dez quilômetros, de um banho quente e de um rápido jantar, sozinho – Penny e Matthew comiam no fim da tarde. Sempre procurei ter tempo para contar alguma história para Matthew antes de dormir, e sempre encontrava uma história que fosse educativa. Inventei um personagem chamado Matt History, que se parecia bastante com Matthew Knight e interagia com ele, colocando-o no meio de todas as tramas. Matt History estava no Valley Forge com George Washington. Matt History estava em Massachusetts com John Adams. Matt History estava lá quando Paul Revere atravessou a noite a galope num cavalo emprestado, alertando John Hancock da chegada dos ingleses.[13] *Bem atrás de Revere, havia um jovem cavaleiro dos arredores de Portland, no Oregon…*

Matthew sempre ria, deliciado por se ver em todas essas aventuras. Ele se sentava mais ereto na cama. E implorava por mais e mais.

Quando Matthew dormia, Penny e eu conversávamos sobre o dia. Ela costumava me perguntar o que faríamos se desse tudo errado, e eu respondia:

– Posso sempre voltar a ser contador.

Eu não parecia sincero, porque não estava sendo. Não estava nada feliz em me ver preso a todas essas aventuras.

---

13 George Washington, John Adams, Paul Revere e John Hancock são importantes personagens da Guerra de Independência dos Estados Unidos.

No fim, Penny desviava o olhar para a TV, ou retomava seu bordado, ou voltava a ler, então eu me recolhia em minha poltrona reclinável e me autoadministrava uma sabatina:

O que você sabe?

Sei que a Onitsuka não é confiável.

O que mais você sabe?

Sei que meu relacionamento com Kitami não tem salvação.

O que o futuro reserva?

De uma forma ou de outra, a Blue Ribbon e a Onitsuka vão se separar. Eu só preciso que fiquemos juntos o maior tempo possível, enquanto desenvolvo outra fonte de fornecimento para poder orquestrar esse rompimento.

Qual o Primeiro Passo?

Assustar todos os outros distribuidores que a Onitsuka havia considerado para me substituir. Tirá-los da frente, enviando cartas ameaçando processá-los se quebrarem o meu contrato.

Qual o Segundo Passo?

Encontrar um substituto para a Onitsuka.

Pensei em uma fábrica da qual ouvira falar, em Guadalajara, aquela na qual a Adidas produzira os tênis durante as Olimpíadas de 1968, supostamente para burlar as tarifas alfandegárias mexicanas. Pelo que me lembrava, os tênis eram bons. Por isso, marquei uma reunião com os gerentes da empresa.

Apesar de estar localizada no centro do México, a fábrica se chamava Canadá. De cara, perguntei aos gerentes o motivo, e me disseram ter escolhido esse nome porque lhes parecera estrangeiro, exótico. Eu ri. Canadá? Exótico? Era mais cômico que exótico, para não dizer confuso. Uma fábrica ao sul da fronteira com o mesmo nome do país ao norte da outra fronteira?

Puxa vida. Mas eu não me importava. Depois de visitar o local, analisar a atual linha de calçados da empresa e supervisionar a sala dos couros, fiquei impressionado. A fábrica era grande, limpa, bem gerida. Além disso, tinha o endosso da Adidas. Eu lhes disse que gostaria de fazer uma encomenda: três mil pares de chuteiras de couro que eu pretendia vender como tênis para futebol americano. Os donos da fábrica perguntaram qual o nome da minha marca e eu respondi que lhes informaria depois.

Entregaram-me o contrato. Olhei para a linha pontilhada acima do meu nome. Com a caneta na mão, fiz uma pausa. A pergunta agora estava oficialmente sobre a mesa. Seria aquilo uma violação do meu contrato com a Onitsuka?

Tecnicamente, não. Meu contrato com a Onitsuka referia-se à exclusividade de importação apenas de tênis de atletismo, não de outros tipos. Ele não estabelecia nada contra a importação de chuteiras de outra empresa. Por isso, eu sabia que esse contrato com a Canadá não violaria exatamente o meu contrato com a Onitsuka. Mas e o espírito?

Seis meses antes, eu jamais teria feito tal coisa. Mas agora tudo havia mudado. A Onitsuka já quebrara o espírito do nosso acordo – e o meu espírito! –, por isso, tirei a tampa da caneta e assinei o contrato. Assinei com vontade aquele contrato com a Canadá. E depois fui comer comida mexicana.

Agora, faltava a questão da logomarca. A minha nova chuteira, que servia também como calçado para futebol americano, precisava de algo para distanciá-la das listras da Adidas e da Onitsuka. Lembrei-me da jovem artista que conheci na Universidade Estadual de Portland. Qual era mesmo o nome dela? Ah, sim, Carolyn Davidson. Ela já tinha ido ao escritório algumas vezes, para nos ajudar com alguns folhetos e anúncios. Quando voltei ao Oregon, chamei-a ao escritório de novo e disse-lhe que precisávamos de uma logomarca.

– De que tipo? – ela perguntou.

– Não sei – respondi.

– Isso me ajuda muito – ela replicou.

– Algo que evoque a sensação de movimento – respondi.

– De movimento... – ela repetiu, incerta.

Ela parecia confusa. Claro que parecia. Eu não parava de falar e não sabia exatamente o que queria. Eu não era um artista. Mostrei-lhe a chuteira e disse, sem conseguir ajudar muito:

– Isto. Precisamos de algo para isto.

Ela disse que tentaria.

– Movimento – murmurou ao sair do escritório. – Movimento.

Duas semanas mais tarde, ela voltou com um portfólio de esboços. Todos eram variações do mesmo tema, que parecia ser... um raio gorducho? Um sinal de visto gordinho? Um rabisco acometido de obesidade mórbida? Seus desenhos lembravam movimento, de certa forma, mas um movimento enjoativo. Nenhum deles me atraiu. Escolhi alguns que pareciam mais promissores e pedi-lhe que os desenvolvesse.

Dias mais tarde – ou teriam sido semanas? –, Carolyn voltou e espalhou uma segunda série de esboços pela mesa da sala de reuniões. Também pendurou alguns na parede. Desenhara diversas variações do tema original, mas a mão livre. Esses estavam melhores. Faltava pouco agora.

Woodell, eu e alguns outros os avaliamos. Lembro-me de que Johnson estava lá também, apesar de não me lembrar do motivo que o fizera vir de Wellesley. Gradualmente, chegamos a um consenso. Gostamos... *deste aqui*... um pouco mais do que dos outros.

"Parece uma asa", um de nós disse.

"Parece um sopro de ar", outro opinou.

"Parece algo que um corredor possa deixar em seu rastro". Todos concordamos que parecia algo novo, moderno, mas, ao mesmo tempo... um clássico.

Atemporal.

Por suas muitas horas de trabalho, agradecemos Carolyn profusamente e lhe demos um cheque de trinta e cinco dólares. Depois, ela foi para casa.

Quando ela se foi, continuamos sentados, encarando o logo mais ou menos escolhido por falta de melhor opção.

– Tem algo de cativante nisso – Johnson disse.

Woodell concordou.

Franzi o cenho, cocei o rosto.

– Vocês gostam dele mais do que eu – disse. – Mas estamos sem tempo. Isso vai ter que servir.

– Não gostou? – Woodell perguntou.

Suspirei.

– Não amei, mas vou acabar me acostumando. – Enviamos o desenho para a Canadá.

Agora, só precisávamos de um nome para acompanhar o logo que eu não amava.

Nos dias seguintes, tivemos dúzias de ideias, até que duas mostraram mais potencial.

Falcon.

Dimension Six.

Eu era suspeito em relação à segunda, porque fui eu quem a sugeriu. Woodell e todos os outros disseram que era horrível. Não chamava a atenção, disseram, e não significava nada.

Fizemos uma votação com todos os funcionários. Secretárias, contadores, representantes de vendas, arquivistas e funcionários dos depósitos – pedimos que todos dessem sua opinião, fizessem ao menos uma sugestão. A Ford acabara de pagar dois milhões de dólares a uma importante empresa de consultoria para nomear seu novo Maverick, anunciei a todos.

– Não temos dois milhões para dar, mas temos cinquenta pessoas inteligentes e não podemos nos sair pior do que com… *Maverick*.

E também, ao contrário da Ford, tínhamos um prazo. A Canadá daria início à produção daquele calçado na sexta-feira.

Passamos horas e horas argumentando e gritando, debatendo os méritos desse ou daquele nome. Alguém gostou de Bengal, uma sugestão de Bork. Outra pessoa disse que o único nome possível era Condor. Bufei e reclamei:

– Nomes de animais. Nomes de *animais*! Já pensamos em praticamente todos os animais da floresta. Por que *tem* que ser um animal?

Eu não cansava de brigar pelo nome Dimension Six. E meus funcionários não se cansavam de me dizer o quanto era horrível.

Alguém, não me lembro quem, resumiu bem a questão:

– Todos esses nomes... são horríveis.

Sempre achei que tivesse sido Johnson, mas todos os documentos disponíveis confirmam que, àquela altura, ele já tinha voltado para Wellesley.

Uma noite, já tarde, estávamos todos cansados, sem paciência. Se eu ouvisse mais um nome de animal, pularia pela janela. Amanhã é um novo dia, dissemos, saindo do escritório e nos dirigindo para os nossos carros.

Voltei para casa e me sentei na poltrona reclinável. Minha mente ia e voltava. Ia e voltava. Falcon? Bengal? Dimension Six? Alguma outra coisa? Qualquer outra coisa?

O dia da decisão chegara. A Canadá já havia começado a produzir as chuteiras e as amostras já estavam prontas, mas nada poderia ser enviado antes de escolhermos um nome. Além disso, tínhamos anúncios programados para coincidir com as entregas, e precisávamos dizer aos artistas gráficos que nome colocar neles. Por fim, precisávamos preencher a documentação no departamento de patentes.

Woodell entrou no meu escritório.

– O tempo acabou – anunciou ele.

Esfreguei os olhos.

– Eu sei.

– O que vai ser?

– Não sei.

Minha cabeça latejava. Àquela altura, todos os nomes se juntaram num bolo só. Falconbengaldimensionsix.

– Existe... mais uma sugestão – Woodell disse.

– De quem?

– Johnson telefonou logo pela manhã – disse ele. – Aparentemente, esse nome surgiu para ele num sonho ontem à noite.

Revirei os olhos.

– Num sonho?

– Ele estava falando sério – Woodell disse.

– Ele sempre fala sério.

– Disse que se levantou sobressaltado no meio da noite e viu o nome diante dele – Woodell prosseguiu.

– E qual é? – perguntei, já me preparando.

– Nike.

– Oi?

– Nike.

– Soletre para mim.

– N-I-K-E – Woodell soletrou.

Escrevi o nome num bloco de papel amarelo.

A deusa grega da vitória. A Acrópole. O Partenon.

O Templo. Pensei no passado. De modo breve. Rápido.

– Estamos sem tempo – eu disse. – Nike. Falcon. Ou Dimension Six.

– Todos odeiam Dimension Six.

– Todos menos eu.

Ele franziu o cenho.

– A decisão é sua.

Ele me deixou sozinho. Fiz uns rabiscos no bloco. Fiz listas, cruzei nomes. Tic-tac. Tic-tac.

Precisava telegrafar para a fábrica. Já.

Odiava tomar decisões apressadas, mas parecia que era só isso o que eu fazia naqueles dias. Olhei para o teto. Concedi-me mais dois minutos para pesar as diferentes opções, depois andei até a máquina de telex no fim do corredor. Sentei-me diante dela e me dei mais três minutos.

Com relutância, enviei a mensagem. *O nome da nova marca é...*

Muitas coisas passavam pela minha cabeça, consciente e inconscientemente. Primeiro, Johnson havia observado que todas as marcas icônicas – Clorox, Klennex, Xerox – tinham nomes curtos. Duas sílabas ou menos. E sempre tinham um som forte no nome, como uma letra "K" ou "X", que grudava na mente. Tudo isso fazia sentido. Tudo isso descrevia Nike.

Fora isso, eu gostava de que Nike fosse a deusa da vitória. *O que*, pensei eu, *pode ser mais importante do que a vitória?*.

Posso ter ouvido, nos recessos da minha mente, a voz de Churchill: *Você pergunta: qual o seu propósito? Eu posso responder com apenas uma palavra. E ela é vitória.* Posso ter me lembrado da medalha da vitória concedida a todos os veteranos da Segunda Guerra Mundial, uma medalha de bronze com Atena Nike na frente, quebrando uma espada ao meio. Pode ser que eu tenha me lembrado. Às vezes, acredito que sim. Mas, no fim, não sei o que me levou à minha decisão. Sorte? Instinto? Algum espírito interno?

Sim.

– O que você decidiu? – Woodell me perguntou no fim do dia.

– Nike – murmurei.

– Humm...

– É, eu sei – respondi.

– Talvez a gente acabe se acostumando – ele opinou.

Talvez.

SEGUNDA PARTE

"Nenhuma ideia brilhante nasceu em uma sala de conferências", ele assegurou ao dinamarquês. "Mas inúmeras ideias tolas morreram ali", disse Stahr.

— F. Scott Fitzgerald, *O último magnata*

1972 – 1980
Pontos altos

Aos trancos e barrancos, o nome Nike foi crescendo em mim, assim como o negócio em si.

E nos anos que se seguiram à escolha do nosso nome, o negócio operou em dois extremos: de modo extraordinário e à beira do desastre. Com frequência, esses extremos coexistiam.

A marca Nike estreou nacionalmente na exposição Sporting Goods Show, em Chicago, em fevereiro de 1972. Já havíamos participado diversas vezes como o distribuidor nacional dos tênis Tiger, mas aquilo era diferente. Totalmente diferente. Aquilo era tudo. Ou a nossa nova linha receberia pelo menos um nível de aceitação ou... todos nós estaríamos procurando emprego.

Quando as amostras dos primeiros produtos chegaram, ficamos ainda mais ansiosos. Os originais eram obras de arte. Aqueles, não. A cola transbordava pela entressola e as linhas de costura estavam tortas. As chuteiras funcionariam, mas não eram tão bonitas quanto as originais. E os modelos mais populares dos Tiger estavam lá com a nossa marca registrada; afinal, nós os projetamos e os nomeamos.

Estávamos muito nervosos quando as portas da feira se abriram, mas nos sentimos muito melhor quando elas se fecharam. Os varejistas vieram nos ver e depois fizeram seus pedidos. Mais do que esperávamos, mais do que precisávamos. Estávamos vivos.

Duas semanas mais tarde, Kitami estava a caminho do Oregon. Encontramo-nos em Eugene. Kitami expressou seu profundo pesar pela nossa "traição" e entregou-me uma notificação de cancelamento. Jaqua sugeriu que discutíssemos a situação. Kitami foi inflexível, mas propôs que Bill Bowerman se tornasse consultor pago pela Onitsuka Co. Bowerman ficou tão chocado que momentaneamente perdeu a fala, depois disse num linguajar bem franco que isso jamais aconteceria. A sala estava tensa quando a reunião se encerrou.

Então, foi assim.

Estávamos por conta própria. Com uma fornecedora de produtos ainda não provada e uma marca da qual ninguém ouvira falar.

Depois de uma longa semana, chamamos o Johnson para uma reunião com todo mundo em Beaverton.

Dei tudo de mim, expliquei os motivos pelos quais, no longo prazo, tínhamos sorte de isso estar acontecendo.

– Este é o nosso momento. Chega de vender a marca de outra pessoa. Chega de trabalhar para os outros. As remessas atrasadas da Onitsuka, as entregas erradas, a recusa em nos ouvir e implementar as nossas ideias para os projetos; chega disso tudo. Se vamos ser bem-sucedidos ou se vamos fracassar, faremos isso nos nossos próprios termos, com as nossas próprias ideias, com a nossa marca. Os dois milhões em vendas do ano passado são resultado do nosso talento e do nosso trabalho árduo. Esta é a nossa libertação. O nosso Dia da Independência.

As pessoas não estavam, de fato, acreditando que tínhamos sorte por aquilo estar acontecendo. Mas o que todos sentiram, unanimemente, foi alívio. Tínhamos uma chance. Ainda estávamos vivos.

O maior evento de atletismo acontece a cada quatro anos nos Jogos Olímpicos. O segundo maior é o U.S. Olympic Trials, as seletivas.

Naquele mês de junho, pela primeira vez na história, elas aconteceriam em Eugene.

Montamos nossa operação na loja de Geoff Hollister, em Eugene, distribuindo tênis para os competidores de ponta que estivessem interessados em aceitá-los. Nos fundos da loja, Penny estampou camisetas com os nomes dos atletas, usando silkscreen.

Presenteamos Jesse Williams, o grande atleta do salto em distância da USC, com um par; depois, uma hora mais tarde, um homem alegando ser Jesse Williams apareceu para receber o seu par grátis. Até hoje, não sei quem era o verdadeiro Jesse Williams, mas não nos arriscamos. Demos ao segundo Jesse um par também.

Os de sola com travas ainda não eram bons o bastante. Nenhum finalista usava dos nossos, mas muitos tênis de treino foram usados, e cerca de vinte e cinco por cento dos maratonistas usavam um ou outro dos modelos de corrida da Nike. Por mais que não tenhamos conseguido qualificar nenhum deles para a equipe olímpica, terminamos em quarto, quinto, sexto e sétimo lugares. Considerando o pouco tempo que tivemos para trabalhar, ficamos bem felizes com isso.

Mas só no final aconteceria a prova que todos nós aguardávamos – o último evento da competição: os cinco mil metros entre Steve Prefontaine, o jovem de vinte e dois anos do Oregon, também conhecido como Pre, e o triatleta olímpico George Young, de trinta e quatro anos. Aquela estava mais para uma tourada do que para uma corrida de longa distância.

Pre assumiu a liderança após o tiro de largada, Young estava logo atrás dele. Na marca de um quilômetro e meio, eles tinham uma distância de dez metros dos demais. Young acompanhou os passos de Pre pelas sete voltas seguintes, e numa dessas voltas o nível de decibéis aumentou no Hayward Field.

E então, na última volta, Pre abriu uma distância de um metro. Depois de dois e de três metros. E, por fim, nove metros antes da linha da chegada. A última volta foi ensurdecedora, e ambos os corredores bateram o recorde americano.

Ao sairmos do estádio naquele dia, resolvemos ser como Pre: resistentes, corajosos. Nós lutaríamos. Ele seria o nosso exemplo, a nossa estrela-guia.

1972

Estávamos animados com as Olimpíadas de Munique. Bowerman era o treinador principal da equipe de atletismo e Pre fizera promessas ousadas (como sempre), apesar de Lasse Viren, da Finlândia, ser o maior favorito e estar defendendo seu título. Pre anunciou que estava pronto para correr o último quilômetro e meio da corrida de cinco quilômetros em menos de quatro minutos.

Mas antes que a competição se iniciasse, Bowerman conseguiu irritar o Comitê Organizador de Munique inteiro ao declarar que as coisas não estavam muito bem organizadas e, em especial, que as condições de segurança não eram ideais.

Controvérsias pareciam acontecer todos os dias. Uma mudança no horário das baterias qualificatórias dos cem metros rasos havia sido divulgada por escrito, mas em meio a centenas de páginas com outros avisos. Dois dos três velocistas americanos nem chegaram a correr.

As varas do detentor do recorde mundial de salto com vara, Bob Seagren, foram consideradas ilegais. Saltando com um equipamento que lhe era estranho, ele não medalhou.

Pre chegou à final. Chegou à última volta nos calcanhares de Viren e de Mohammed Gammoudi, desafiou-os na reta oposta, liderou por algumas passadas, mas depois foi deixado para trás na curva. Viren e Gammoudi se afastaram na reta final e um extenuado Pre foi alcançado por Ian Stewart, da Inglaterra, que lhe tirou o terceiro lugar e a medalha de bronze.

Pre ficou devastado. Quando lhe disseram que todos em Eugene estavam orgulhosos dele e que dariam a uma rua o nome dele, ele perguntou: “Ah, é? E que nome vai ser? Quarto?”.

Mas a derrota de Pre foi ofuscada pela grande tragédia. Oito atiradores mascarados entraram no complexo olímpico e sequestraram onze atletas israelenses, que foram levados ao aeroporto de Munique e assassinados na pista.

Após os jogos, fui até Eugene para ver Bowerman. Nunca antes o vira tão desanimado. As Olimpíadas eram o auge na carreira de qualquer pessoa ligada ao atletismo. A Olimpíada *dele* havia sido um desastre.

Um mês depois, Bowerman se afastou das pistas universitárias e deixou de ser técnico.

Muita coisa andava acontecendo do lado dos negócios também. Fizemos com que Jeff Johnson e Bob Woodell trocassem de posições. Até parece algo simples, mas eles tiveram que mudar suas vidas para fazer isso acontecer – tudo por uma boa causa. Jeff deixou sua amada Nova Inglaterra e foi para Beaverton, onde usaria melhor seus talentos de projetista; Bob se mudou para Exeter, em New Hampshire, onde suas habilidades administrativas cuidariam das nossas vendas e do armazenamento.

A Onitsuka nos processou no Japão por quebra de contrato, e nossa única alternativa era contra-atacar nos Estados Unidos. Pergunta: como processar alguém sem dinheiro? Resposta: convencendo o Primo Houser a aceitar o caso, condicionando seus honorários ao ganho da causa. Primo Houser deve ter concordado com isso num momento de fraqueza. Demorávamos a pagar despesas de viagens e até pelas cópias xerocadas da documentação, e seus sócios acabaram ficando cansados, por isso, o Primo Houser passou o caso ao associado mais novo da firma, um grandalhão de um metro e noventa e de cento e trinta quilos chamado Rob Strasser, que acabou conquistando a todos ao acreditar na nossa causa e trabalhar em favor dela vinte e quatro horas por dia, sete dias na semana.

O processo foi emocionalmente desgastante – afinal, era apenas uma questão de vida ou morte –, mas precisávamos cuidar dos negócios ao mesmo tempo.

No meio do ano, tivemos a nossa reunião anual com os investidores em debêntures conversíveis. Todos os quinze eram de Eugene, no Oregon. Pela primeira vez, havíamos perdido dinheiro na transação, por isso, não nos surpreendeu que estivessem desapontados com o desempenho da empresa, de modo geral, e com o meu, em particular. Foi uma tarde difícil para mim, e, enquanto voltava para casa, cheguei a pensar que, se alguma vez pensasse em abrir o capital da empresa – e ter centenas de acionistas –, se alguma vez pensasse nisso, por favor, que alguém atirasse em mim.

1974

A tensão era imensa durante abertura do processo na Corte Federal de Portland, em abril. Todos nos erguemos quando o juiz entrou. Ele era perfeito e um tanto assustador. James Burns devia estar na casa dos sessenta anos, tinha o semblante austero e as sobrancelhas mais grossas e escuras que se pode imaginar. Ele se autoproclamava "James, o Justo" e não aceitava frivolidades em sua corte.

Nossa argumentação era a seguinte: embora disséssemos que não venderíamos tênis que competissem com os deles, com a mudança de propriedade da empresa a Onitsuka dissera que não venderia para os nossos concorrentes. Nós dissemos que continuamos a agir de maneira sensata e que tínhamos os direitos autorais dos calçados e de seus nomes.

O nosso desempenho na corte refletiu quem éramos: inseguros, inarticulados e sinceros.

A Onitsuka alegava que o senhor Knight, na verdade, pedira para ter a empresa controlada – eles estavam falando sério? – e que a comunicação deles com os concorrentes não passara de pesquisa de marketing.

Foram duas intensas semanas de julgamento, até que ele chegou ao fim. De modo geral, nos sentíamos bem a respeito do processo, mas também estávamos preocupados. Do nosso ponto de vista, Kitami mentira até não poder mais, e "James, o Justo" parecia acreditar em tudo o que ele dissera. Quando Kitami desceu do pódio, o juiz disse: "Muito obrigado, senhor".

Muito obrigado, senhor? Ele não disse isso nem para mim nem para as nossas testemunhas.

Enquanto o processo se desenrolava, grandes novidades aconteciam no âmbito dos negócios. O Waffle Trainer, que incorporava a nova sola com desenho de *waffle* desenvolvida por Bowerman, não parava nas prateleiras, levando-nos a um salto nas vendas anuais: fomos de quatro milhões e oitocentos mil dólares para oito milhões e quatrocentos mil, e ao nosso primeiro ano de lucro com a Nike.

Mas parecia que cada boa notícia vinha acompanhada de uma ruim: o Presidente Nixon mudara a taxa de câmbio entre o iene japonês e o dólar americano. Dali por diante, em vez dos trezentos e sessenta ienes fixos para cada dólar, a taxa seria flutuante. Em um ano e meio, a taxa desceu até cento e oitenta para um. Em outras palavras, não obstante o custo da mão de obra ou da matéria bruta, o custo dos nossos tênis duplicara.

Então, esse foi mais um caso de uma piada de boa notícia/má notícia que partilhamos na época: tínhamos um produto muito popular, mas não tínhamos onde produzi-lo.

Bem nessa época ficamos sabendo que "James, o Justo" havia tomado uma decisão. Tínhamos que nos apresentar à corte para ouvir sua sentença dali a dois dias.

Eu estava imensamente tenso quando o juiz entrou no tribunal pela última vez.

Sua declaração foi simples e direta: ele considerava que o senhor Kitami havia sido desonesto em seu testemunho, que a Nike tinha o direito de permanecer com os nomes dos calçados criados por nós e ele nomearia um perito para determinar qual o valor da indenização a receber.

Nós ganhamos. Nós ganhamos. Continuaríamos vivos e ainda receberíamos algum dinheiro.

Apertei a mão do Primo Houser. Ele fizera um trabalho brilhante no tribunal. Depois, abracei Strasser, afundando no corpanzil dele. Tivemos uma sorte imensa de ter esse homem inteligente e extremamente diligente ao nosso lado.

Em seguida, enviamos Jeff Johnson para a Nova Inglaterra, a fim de avaliar se seria possível fabricarmos os tênis nos Estados Unidos.

1975

– Paguem a Nissho primeiro!

Esse era o nosso mantra. Eram as palavras que nos norteavam.

A Nissho tinha uma posição subordinada ao banco, por isso, se um desastre acontecesse, o banco receberia todo o seu dinheiro antes que a Nissho recebesse um centavo sequer. A Nissho corria todos os riscos, por isso, ao fim de cada mês, qualquer dinheiro que sobrasse das nossas vendas ia direto para a Nissho. E a demanda por caixa era extrema. Com as vendas do Waffle Trainer em ascensão, estávamos numa trajetória de praticamente dobrar as vendas novamente, e isso significava que, ainda mais com o aumento nos custos, nossos dólares em estoque disparavam.

Jeff Johnson conseguiu estabelecer uma pequena fábrica na cidade de Exeter, em New Hampshire. Os custos, na época, eram um pouco maiores do que no Japão, mas mais baixos do que seriam dali a um ano.

Mas Jeff fez uma pergunta importante:

– Como vamos pagar pela fábrica?

A minha resposta:

– A Nissho pagará por nós.

– E por que fariam isso?

– Nós não vamos contar para eles.

– Ah.

Seria assim: em algum momento no fim do mês, "pegávamos a onda". Mandávamos um cheque para a Nissho que deixava a conta temporariamente negativa. Com as vendas crescendo mais de um milhão por mês, um saldo a descoberto de vinte e cinco mil dólares era coberto em um ou dois dias.

Só que, em abril, o saldo a descoberto foi a setenta e cinco mil negativos em contas bancárias junto a armazéns e algumas lojas pelo país. Um dos bancos devolveu o cheque. Daí todos devolveram.

Hayes e eu fomos chamados ao Bank of California para uma reunião. A coisa era séria. E foi bem breve. Fomos expulsos do banco. O milhão que devíamos a eles – e não tínhamos como pagar – teria de ser devolvido de imediato.

Caramba!

Mas não tinha acabado ainda. Tive de subir dez lances de escada no mesmo prédio e informar a Nissho que daquele um milhão que eu supostamente lhes pagaria no fim do mês, uma parte faltaria — exatamente um milhão. Além disso, eu precisava pedir emprestado mais um milhão.

A decisão final da Nissho seria tomada por Tadayuki Ito, o gerente financeiro.

Ele foi até o escritório com Sumeragi e, juntos, auditaram nossas contas por três dias. No decorrer da auditoria, claro, descobriram a fábrica escondida, cuja existência demoramos uma hora para explicar. Porém, apesar de nossas explicações desconjuntadas e atrapalhadas, o fato de termos uma fábrica era, no fim das contas, melhor para a nossa situação do que não ter fábrica nenhuma no Japão. Ito, que nunca demonstrava emoção e teve uma postura séria durante toda aquela hora dificultosa, no fim assentiu e disse:

– Vamos em frente.

Juro que ele olhou para mim com um sorriso.

No fim, descobrimos que a dívida de três ou quatro milhões que nós pensávamos que havia em nossos livros não aparecia em nossos livros. Depois de muito esforço tentando identificar a discrepância, descobrimos, e ninguém na Nike desconfiara, que Sumeragi vinha escondendo faturas na gaveta da sua escrivaninha para que a dívida parecesse menor.

– Por que diabos você fez uma coisa dessas? – Ito perguntou ao amigo e colega de trabalho.

– Porque – Sumeragi respondeu – trabalho com essas pessoas todos os dias. Conheci Steve Prefontaine, ajudei-os na mudança, ajudei quando novas encomendas se fizeram necessárias para os armazéns. Acredito que, um dia, esta possa ser uma grande empresa. A Nike é como uma filha para mim.

Recostei-me atordoado. Aquilo era algo emocionalmente compreensível, porém, numa empresa americana, poderia levá-lo para a prisão. Mas Ito apenas o encarou, depois lançou o mesmo leve sorriso que vi quando deu o assunto da fábrica por encerrado.

No dia seguinte, Ito, Hayes e eu nos encontramos com funcionários de alto escalão do Bank of California – as pessoas que haviam tomado a decisão de nos expulsar.

Outra reunião breve:

– Estamos aqui para pagar a dívida total da Nike – anunciei.

– Total – Ito repetiu.

Ito entregou um cheque aos banqueiros. Eles olharam para o cheque e, depois de uma longa pausa, disseram:

– Ele será depositado amanhã pela manhã.

Ito foi muito firme.

– Ele será depositado *agora.*

– Sim, agora. Agora mesmo – assentiram.

– E, a propósito… Acredito que o seu banco vem negociando em São Francisco para que a Nissho se torne um dos seus clientes.

– Isso mesmo – afirmaram ansiosos.

– Bem, devo dizer-lhes que será uma perda de tempo insistir nessas negociações.

– Tem certeza?

– Absoluta!

Desviei o olhar para Hayes e tentei não sorrir. Tentei mesmo. Não consegui.

O fim de semana do Dia dos Combatentes se seguiu e não sei dizer se houve outro momento da minha vida em que mais precisei de um descanso. Haveria uma corrida importante em Eugene. Steve Prefontaine organizara um evento com os melhores atletas do mundo. A Finlândia era a detentora do recorde de lançamento de disco e seu campeão viria competir contra Mac Wilkins, do Oregon, um arremessador mundialmente renomado. Mas o principal evento seria a revanche nos cinco mil metros entre o medalhista olímpico Lasse Viren e Pre.

No último instante, porém, Viren cancelou. Com todos os ingressos do Hayward Field vendidos, um desesperado Pre convidou para o evento outro medalhista de ouro olímpico, Frank Shorter, que aceitou.

Foi uma grande corrida. Pre, que sempre liderou, não conseguia ficar na dianteira. Shorter o segurou até os últimos duzentos metros. Pre acelerou e ganhou por uma diferença de cinco metros diante de uma plateia em êxtase.

Penny e eu voltamos a Portland sabendo que, uma vez mais, víramos uma corrida espetacular de Prefontaine.

Lá pelas cinco da manhã do dia seguinte, o telefone tocou. Isso nunca era um bom sinal, mas eram oito horas em Exeter. Pensei que talvez fosse Johnson com algum problema na produção.

Mas não era Johnson. Era Geoff Hollister. Foi difícil entender o que ele dizia. Ele estava chorando. Depois de uma festa pós-corrida na casa de Geoff, Pre levara Shorter de volta ao hotel e, a caminho de casa, virou bruscamente o carro para evitar uma colisão com outro que vinha na direção contrária e bateu numa rocha imensa do outro lado da estrada. O carro capotara. Pre estava morto.

1976

A boa notícia era que as vendas (lideradas pelo Waffle Trainer, de Bowerman) continuavam crescendo. Mas em todo lugar havia problemas, boa parte dos quais relacionados à anunciada alta no valor do iene japonês.

A nossa fabriqueta em Exeter ajudava de certa forma, mas não dava conta do volume de que precisávamos, por isso, depois de muito pesquisar, nos concentramos em outro país: Taiwan. Taiwan tinha centenas de pequenas fábricas, portanto, era provável que encontrássemos algumas das melhores para produzir nossos calçados de qualidade. A teoria parecia correta, mas tivemos dificuldades para encontrar o sócio certo. Por fim, depois de passar por várias regiões produtoras de calçados, Jim Gorman e eu encontramos uma fábrica pequena em Doeleho, uma cidadezinha nos arredores de Taichung. Fen Tai era seu nome, e produzia centenas de milhares de calçados esportivos de baixa qualidade, mas seu proprietário, C. H. Wong, expressou um imenso desejo de melhorar e trabalhar conosco. Ele era um homem franco e nos mostrou toda a sua fábrica. Tudo, exceto um cômodo.

– O que há ali? – perguntei com insistência.

Por fim, ele respondeu:

– É onde eu moro com minha esposa e nossos dois filhos.

Gorman se prontificou a se mudar para Taiwan para acompanhar a qualidade da produção. O nosso empreendimento em Taiwan estava em curso. A sociedade com Feng Tai funcionou muito bem. É a base da nossa produção asiática e, hoje em dia, C. H. Wong tem múltiplas fábricas espalhadas por toda a Ásia. A sua empresa faz parte da bolsa de valores de Taiwan.

Com Taiwan e Exeter, tínhamos uma estratégia – claro que em seus estágios iniciais – para compensar a crescente valorização da moeda japonesa.

Outro ano olímpico: 1976. Àquela altura, tínhamos quatro anos de experiência com nossa nova linha, e embora ela ainda fosse jovem, tínhamos uma linha completa de tênis de corrida com e sem travas.

Uma vez mais, as seletivas para as Olimpíadas ocorreram no quintal de nossa casa – Eugene, Oregon. Em 1972, nenhum dos atletas calçando Nike chegou à equipe olímpica. No primeiro evento de 1976, os três qualificados, liderados por Frank Shorter, calçavam Nike. Nas demais seletivas, dominamos as corridas de longa distância e ficamos muito animados em relação às Olimpíadas, que aconteceriam em Montreal, no Canadá.

Patrocínios financeiros já eram legais segundo as regras olímpicas, e investimos quase todo o nosso orçamento em Shorter. Ele gostava dos tênis, gostava de Hollister, e como era o então campeão olímpico da maratona, vimos nele um sucessor lógico de Pre.

Estávamos muito animados para o início da maratona. Não havíamos ganhado medalhas nesses jogos, mas Shorter era o favorito na prova.

Mas quando chegou à linha de largada, ele não estava usando os nossos tênis. Usava os antigos – Tiger, os caras com quem nos digladiamos no tribunal.

Hollister estava devastado. Eu também.

E depois Shorter foi vencido por um alemão oriental calçando Adidas. Isso não tornou a situação melhor. Na verdade, piorou.

Foi uma derrota dupla. Havíamos apostado grande parte do nosso orçamento em Shorter, mas também fora um investimento emocional. Gostávamos dele. Tínhamos esperança de que fosse o novo Pre.

Nunca cheguei a entender essa troca de última hora feita por Shorter. Ele disse que havia um rasgo no cabedal próximo à sola e que os tênis não serviam bem nos pés. Não sei. Senti que parte do motivo foi ele estar nervoso em usar tênis novos, já que com os antigos ele vencera o ouro olímpico.

Munidos desses vários altos e baixos, tivemos nossa reunião de planejamento para o ano seguinte em Sun River, no Oregon.

Durante a reunião, Jeff Johnson olhou ao redor da sala para seus colegas e observou:

– Este é o único ambiente corporativo no mundo em que alguém poderia olhar ao redor, gritar "ei, bundão" e todos olhariam acreditando que tinham sido chamados.

O apelido "bundão" pegou, e todos os gerentes principais se trataram assim pelos sete ou oito anos seguintes. Era um verdadeiro reconhecimento de que não passávamos de um bando de desajustados. Mas éramos desajustados com uma missão.

1977

Os negócios eram uma constante surpresa. Na primavera de 1977, recebi um telefonema de um homem que alegava ser um antigo engenheiro aeroespacial da Rockwell. Ele tinha o protótipo de um tênis para me mostrar.

– Passa aqui – respondi.

Seu nome era Frank Rudy e ele era um homem bem sério.

Seu invento era um tênis de corrida com entressola de ar. Já fora testado antes. O problema com os protótipos anteriores era que o ar sempre escapava do compartimento, de modo que a entressola acabava vazia depois de uma longa corrida. Frank Rudy insistia que havia inventado uma maneira de contornar o problema.

Fez sua apresentação numa sala para mim, Strasser e Hayes.

– Sabe – eu disse –, tenho tempo para uma corrida de dez quilômetros antes do jantar.

– Mas ainda não tem o moderador – Rudy respondeu, querendo dizer que não havia nada controlando a entressola, portanto, ela deslizaria debaixo do pé.

– Sem problemas – eu disse. – Eu só quero ter uma ideia.

Como esperado, foi uma corrida um tanto escorregadia, mas sensacional. Fechamos um acordo naquela mesma noite. Hoje, quarenta anos depois, já vendemos mais de quatrocentos milhões de pares de tênis com amortecimento a ar. Às vezes, vale a pena atender ao telefone.

Mais tarde, recebemos o telefonema de outro inventor. Seu nome era Sonny Vacarro. Depois da experiência com Rudy, eu estava ansioso para ver o que ele tinha.

A invenção de Sonny Vacarro era uma espécie de fera hidroarquitetural da qual todos naquela sala deram risada. Mas, no decorrer da sua apresentação, ele mencionou que tinha acesso a qualquer técnico de basquete universitário do país por ser o promotor do Dapper Dan All-Star Basketball Classic, um torneio anual do qual participavam os trinta melhores jogadores universitários do país.

– Você tem mesmo acesso a todos esses treinadores? – perguntei.

Então nós o contratamos como consultor, para montar o nosso primeiro clube de treinadores – um grupo com os melhores técnicos de basquete que conseguíssemos juntar. A maioria dos mais famosos já era contratada da Adidas ou da Converse, por isso nos voltamos para os demais.

E não nos demos mal. Assinamos com gente do calibre de John Thompson, Eddie Sutton, Jerry Tarkanian, Lute Olson, Jim Valvano, George Raveling e Lou Carnesecca. Eles se tornaram a base do nosso programa de basquete universitário.

Não fomos os únicos afetados pela alteração no câmbio japonês. Os muitos tênis de baixo custo fabricados no Japão precisavam encontrar um novo lar. E esse lar era a Coreia. Da noite para o dia, gigantescas fábricas brotaram para suprir a demanda, já que as fábricas japonesas haviam se tornado muito caras. Essas fábricas mais se pareciam com pequenas cidades. Cada uma das cinco grandes fábricas em Pusan tinha doze mil funcionários.

Mas os tênis de baixo custo precisavam ser aprimorados para se tornar o nosso produto e, em tal volume, não havia espaço para acomodar os pequenos. Na época, estávamos produzindo mais de um milhão de pares por ano. Então, demos início a um programa na Coreia e ficamos muito satisfeitos em contar com a cooperação das cinco grandes fábricas. Três anos depois, elas eram nossos maiores fornecedores.

Então as coisas andavam bem, e eu estava lá, sentado na minha cadeira, todo feliz, quando, junto da correspondência matinal, havia um envelope enviado pela Alfândega dos Estados Unidos. Parecia um tanto inocente.

Dentro do envelope havia uma fatura referente a taxas aduaneiras passadas, no valor de vinte e cinco milhões de dólares. As nossas vendas anuais – sem contar o custo do produto e todas as demais despesas – correspondiam a vinte e quatro milhões de dólares.

Liguei de imediato para Strasser, que há pouco se tornara funcionário em tempo integral da empresa, pedindo-lhe que fosse ao meu escritório.

– Isso só pode ser alguma brincadeira.

– Vou descobrir – ele respondeu.

No dia seguinte, ele voltou à minha sala com más notícias.

– Não é brincadeira. Parece existir uma lei de 1932, aplicada a produtos químicos a base de benzedrina, a amêijoas e a tênis, que estipula que o imposto seja calculado não sobre o custo, como a alfândega sempre fez, e continuará a fazer, mas com base no preço de venda nos Estados Unidos de um produto similar fabricado nos próprios Estados Unidos. Ao que tudo indica, fábricas americanas pressionaram representantes da Alfândega, convencendo-os de que seus tênis eram iguais ou semelhantes aos nossos, portanto, nossos impostos aduaneiros deveriam ser duplicados. Retroativamente.

– Esses tênis já foram vendidos. O imposto já foi recolhido. Não temos como pagar isso.

– Acho melhor contestar.

O ano de 1977 trouxe um acontecimento pessoal que nunca chegou a ser mencionado na história da empresa, mas que significou muito para mim.

Durante um de nossos telefonemas noturnos, meu pai me perguntou como fora o meu dia e como estavam seus dois netos. Depois, perguntou:

– Chegou em casa a tempo de assistir ao jogo dos Clippers contra os Rockets?

– Não, não cheguei.

– Houve um choque terrível. Kermit Washington acertou Rudy Tomjanovich com tanta força que poderia até tê-lo matado. Foi horrível... – Depois de uma pausa demorada, ele disse: – Mas você tinha que ver o *close* que deram nos tênis.

E foi isso. De um pai tão econômico em fazer elogios, e eles mal aconteciam, ali estava um elogio. Tradução: a mudança de contador certificado para vendedor de tênis, bem, sabe, filho, até que você se deu bem.

1978

Tínhamos de fazer tudo ao nosso alcance para impedir que a alfândega aplicasse as regras do Preço de Venda Americano (ASP).

Para começar, isso seria um trabalho em tempo integral. Strasser sugeriu contratarmos Rich Werschkul, da firma de advogados do Primo Houser. Werschkul estava cansado das leis securitárias e aceitou de bom grado, mas o Primo Houser arrancou-me uma promessa: eu não contrataria mais ninguém da firma dele.

Escolher Werschkul não poderia ter dado mais certo. Bacharel pela Stanford e formado na faculdade de Direito da Universidade do Oregon, usava óculos pretos de aros grossos, os quais ele ajustava a cada trinta segundos, vestia-se como um aluno de escola particular da Nova Inglaterra e, melhor de tudo, ficou obcecado com a nossa causa.

Nossa briga era em Washington D. C., portanto, ele se mudou para lá. Travou amizade com políticos, fez requerimentos, *lobbies* e implorou pela nossa causa com paixão, nem sempre com sanidade. Dia após dia, andava para cima e para baixo nos corredores do Congresso, entregando pares gratuitos dos nossos Nike. Os políticos lhe devolviam uma mensagem unânime: "Dê-me algo por escrito, filho, algo que eu de fato possa estudar".

E foi o que ele fez. *Werschkul e o Preço de Venda Americano, Volume I*. Várias centenas de páginas, mas o que mais os assustou foi mesmo o *Volume I*.

Quando, ocasionalmente, encontrava algum interlocutor indiferente, Werschkul enlouquecia:

– Vocês não se dão conta – ele berrava – de que é a liberdade que está em jogo aqui? LIBERDADE! Vocês sabiam que o pai de Hitler era inspetor da alfândega?

E, assim, a luta seguiu em frente. E duraria os quinze *rounds* inteiros. Aquilo poderia levar anos.

A ASP permeava tudo. Mais uma vez: caso perdêssemos a ação, a empresa não existiria mais.

Mas havia notícias boas. As vendas estouravam, e o primeiro tênis com amortecimento a ar de Rudy chegara ao mercado. Tivemos alguns problemas com a qualidade do novo material no cabedal, mas o consenso dentro da comunidade de corredores era: "Que passeio!".

1979

Se a ASP permeou 1978, ela também permeara 1979. Werschkul abrira algumas portas, mas descobriu que, para sermos eficientes nesse importante caso, o CEO teria de estar presente para atuar em favor da causa. Por isso passei a viajar para D. C.

Comecei pelo Secretário-Assistente do Tesouro, responsável por supervisionar a Alfândega Americana.

Inicialmente, entreguei-lhe um documento.

– Aqui está – disse eu –, um memorando informando que o Preço de Venda Americano não se aplica ao tênis Nike. O memorando vem do Tesouro.

– Hummm – disse o *buro-kraken*. Deu uma olhada no papel e o devolveu para mim. – Isso não se aplica à Alfândega.

Em outras palavras, o governo mentira para mim. Adaptando a fala do filme *Clube dos cafajestes*: "Você se deu mal. Confiou em nós".[14]

Cerrando os dentes, eu disse:

---

14 O filme conta a história de dois calouros universitários que sonham entrar para a fraternidade mais popular da universidade, mas só são aceitos na fraternidade que tem a fama de ser a pior do campus. Em determinado momento, um dos calouros descobre que os outros integrantes da fraternidade danificaram o carro de seu irmão e um deles diz, com naturalidade e ironia: "You fucked up. You trusted us". (Você se ferrou. Confiou em nós). A frase ficou famosa e é comumente utilizada nos Estados Unidos. (N. T.)

– Esse caso todo não passa de um truque sujo aplicado pelos nossos concorrentes. Estamos sendo penalizados pelo nosso sucesso.

– Nós não enxergamos dessa maneira.

– O que esse "nós" quer dizer?

– O governo dos Estados Unidos.

Bem, eu não estava disposto a desistir. Nós lutaríamos. Mas tínhamos um oponente enorme e formidável.

Começamos pela delegação do Oregon e tivemos muita sorte de o congressista Al Ullman ser o presidente do Comitê de Modos e Meios (principal comitê de redação de impostos da Câmara dos Deputados dos Estados Unidos), de o senador Mark Hatfield ser o presidente do Comitê de Apropriações (responsável pela aprovação de projetos de apropriação junto a sua contraparte no Senado) e de o senador Bob Packwood ser o chefe das Finanças.

Pressionamos bastante e eles expressaram um forte desejo de ajudar.

E, depois, muitos outros estiveram presentes para ajudar: Tom Foley, presidente da Câmara pelo estado de Washington, que tinha certa afinidade com o povo do Noroeste; senadores Al Gore e Jim Sasser, do Tennesse, onde tínhamos um grande depósito; e Bill Cohen e George Mitchell, do Maine, para onde havíamos expandido as operações da fábrica de Exeter, quando esta se tornou pequena demais.

No outono de 1979, tive minha segunda reunião com o *buro-kraken*.

– Não aguento mais – disse ele – ouvir os seus amigos do alto escalão.

– Que pena – disse eu –, você os ouvirá até que tudo isso termine.

Taiwan e Coreia estavam em alta, o que era uma boa notícia, porque o Japão acabara saindo do mercado em razão das taxas de câmbio. Não que o Japão estivesse sofrendo economicamente. Seus automóveis e eletrônicos mais que compensavam as perdas com a exportação de calçados.

Mas em Taiwan e na Coreia, os preços vinham aumentando rapidamente. O que aconteceria se eles se tornassem economicamente inviáveis para calçados, como o Japão? Precisávamos de um plano B.

Portanto, na minha viagem anual pelas fábricas asiáticas, resolvi visitar a China pela primeira vez. Nixon começara a descongelar as relações entre os dois países e agora Jimmy Carter reconhecia isso.

Fiquei num hotel em Hong Kong por três dias, esperando pelo meu visto. Ele nunca chegou.

Falei sobre isso em nossa reunião de diretoria seguinte. Chuck, que recentemente aceitara ser membro, e o Allen Group, encabeçado por Walter, irmão de Henry Kissinger,[15] o primeiro a tentar restabelecer relações com a China, estavam lá. Quando Walter quis levar o Allen Group à China, não telefonara para o irmão, mas para seu colega de sala em Princeton, David Chang, e fora bem-sucedido.

Telefonei para Chang.

1980

Na primeira reunião dos "bundões" do ano, eu disse:

– E se a gente… e vejam que andei pensando bastante nisso. Nós temos uma fábrica de tênis nos Estados Unidos. O que nós precisamos agora é estabelecer nós mesmos… o Preço de Venda Americano.

Todos riram. Muito. Aquela era uma sugestão absurda.

Mas depois paramos e nos entreolhamos. Talvez uma resposta absurda para uma lei absurda funcionasse.

Começamos a produzir um número limitado de imitações dos nossos Nike, nos quais colocamos o nome de One Line, vendendo-os com a menor margem de lucro possível. Não poderia existir um tênis mais "parecido ou similar" do que aquele.

15 Diplomata de origem hebraica, foi conselheiro de relações exteriores de muitos presidentes dos EUA, sendo ainda conselheiro político e confidente de Richard Nixon. (N. T.)

A Alfândega dos Estados Unidos nunca contestou. Imediatamente, reduzimos os nossos impostos aduaneiros, não para o que seriam caso fossem baseados nos custos das fábricas asiáticas, mas abaixo do que tínhamos com aqueles outros tênis americanos.

Em seguida, produzimos um comercial para a TV contando a história de uma pequena empresa no Oregon que brigava com o governo malvado e poderoso. O comercial começava com um corredor em sua corrida solitária, enquanto uma voz grave exaltava ideais relacionados ao patriotismo, à liberdade, ao estilo de vida americano e ao combate à tirania. As pessoas ficaram entusiasmadas.

E, depois disso, nosso último ataque. Em 29 de fevereiro de 1980, entramos com um processo antitruste no valor de vinte e cinco milhões de dólares na Corte Distrital dos Estados Unidos do Distrito Sul de Nova York, alegando que os nossos concorrentes, e várias empresas produtoras de borracha, por meio de práticas comerciais desleais, conspiraram para nos tirar do mercado.

Não demorou muito. Os chefes do *buro-kraken* nos chamaram para darmos início a um acordo.

O montante devido baixou de vinte e cinco para nove milhões de dólares. Na época, superávamos os duzentos milhões em vendas e poderíamos pagar. Mas não deveríamos. Havíamos confiado na palavra do nosso governo quando importamos aqueles tênis. Mas Chuck Robinson observou que aquele era o governo numa negociação, e que eles jamais chegariam a zero.

Aceitei o acordo de nove milhões.

A batalha sobre o Preço de Venda Americano chegou ao fim.

Chuck Robinson também observou que, com essa questão fora do caminho, não havia nada que nos impedisse de abrir o capital.

– E para superar sua desconfiança quanto à questão do controle – ele disse –, acho que podemos abrir o capital com duas classes de ações, de modo que os atuais acionistas mantenham o controle total.

– Se você acha que consegue fazer isso... bem, isso mudaria bastante as coisas.

Não havia tempo para descansar. No fim de 1979, David Chang enviara uma carta de cinquenta páginas com pedidos de convite para visitarmos fábricas na China. Depois de cinco meses, recebemos uma resposta. O nosso grupo de seis pessoas fora convidado a ir à República Popular da China em julho. Aquele seria o mês mais quente do ano.

Os seis selecionados: David Chang, Hayes, Strasser, Neil Lauridsen (supervisor das fábricas em Taiwan), Harry Carsh (supervisor da fábrica no Maine) e eu.

Os agentes que se responsabilizariam por nós nos encontraram no aeroporto de Pequim e não nos perderam de vista nem uma vez. Levaram-nos de trem para cidades remotas, muito distantes de Pequim, onde vimos complexos industriais gigantescos e assustadores e fábricas pequenas, cada uma mais ultrapassada que a outra. Eram velhas, enferrujadas e decrépitas.

Acima de tudo, eram imundas. Um tênis sairia da linha de montagem com uma mancha, uma faixa de sujeira, e nada poderia ser feito a respeito. Não havia um sentido geral de limpeza, nenhum controle de qualidade. Quando apontávamos para um calçado defeituoso, os agentes simplesmente davam de ombros e diziam:

– Perfeitamente funcional.

Os chineses não viam motivo para o *nylon* ou a lona em um par de tênis ser do mesmo tom no pé direito e no esquerdo, portanto, era comum que o pé esquerdo saísse azul-claro e o direito, azul-escuro.

Era com isso que tínhamos que trabalhar. Mas, para mim, parecia valer a pena tentar.

As negociações finais seriam em Xangai. Tínhamos um segundo objetivo ali: uma reunião com o ministro dos esportes para fecharmos um contrato de patrocínio com a equipe de atletismo.

Diferentemente do que acontece no mundo ocidental, no qual cada atleta faz seus próprios acordos, o governo chinês negociava patrocínios para todos os seus atletas. Por isso, numa velha escola de Xangai, numa sala com móveis de setenta e cinco anos e sob um retrato de Mao, Strasser e eu nos encontramos com um representante do ministro.

Por muitos minutos, o representante discorreu sobre as belezas do comunismo. Ele falou e falou, dizendo que preferiam fazer negócios com pessoas de pensamento semelhante ao deles. Strasser e eu nos entreolhamos. Então ele interrompeu sua oratória, inclinou-se para a frente e perguntou baixinho:

– Quanto estão dispostos a pagar?

Em duas horas, tínhamos um acordo. Quatro anos mais tarde, em Los Angeles, a equipe de atletismo chinesa entraria no Estádio Olímpico pela primeira vez em vinte e cinco anos, e todos eles estariam usando tênis e agasalhos Nike.

Nossa reunião final foi com o Ministério de Comércio Exterior. Assim como na reunião anterior, houve diversos discursos longos, principalmente por parte dos oficiais. Hayes ficou entediado na primeira rodada. Lá pela terceira, estava à beira do suicídio. Começou a mexer em fios soltos da sua camisa de poliéster. De repente, ficou cansado dos fios. Pegou o isqueiro. Enquanto o vice-ministro do comércio exterior nos saudava como sócios honrados, ele parou e ergueu os olhos, percebendo que Hayes acabara de atear fogo a si mesmo. Ele apagou as chamas com as mãos, conseguindo extingui-las, mas só depois de estragar o momento e o ímpeto do orador.

Não fez diferença. Pouco antes de embarcarmos, assinamos um contrato com duas fábricas chinesas e, oficialmente, nos tornamos o primeiro fabricante americano de calçados a ter permissão para fazer negócios na China.

Quase não tivemos tempo de desfazer as malas. A abertura de capital estava prestes a se tornar uma realidade. Consultamos diversos bancos de investimentos – todos estávamos de acordo em relação às duas classes de ações, que possibilitaria aos que já estavam dentro manter o controle acionário. Dentre todas as empresas, escolhemos a Kuhn Loeb, da qual Chuck Robinson já fora o vice-presidente, para chefiar a operação.

Tínhamos de conseguir a aprovação da Comissão de Valores Mobiliários. Foram necessárias cinquenta versões de prospectos até recebermos a aprovação e ser aquilo que queríamos.

E aí pegamos a estrada. As reuniões com bancos de investimentos começaram num café da manhã, em Nova York.

A nossa apresentação não era refinada, mas era entusiasmada, sincera, e os nossos números eram muito bons.

Percorremos oito cidades e fizemos dez reuniões em cinco dias. Hayes, Johnson e eu nos apresentamos aos banqueiros. Foi intenso e exaustivo, ainda mais por ter sido logo depois da viagem à China.

Ainda teríamos que anunciar o preço da oferta depois que tudo tivesse sido feito, por isso, estabelecemos a data: 2 de dezembro de 1980.

Nesse dia, Hayes e eu estávamos no viva-voz com Bob Macy, da Kuhn Loeb, e ele anunciou:

– Não podemos ir além dos vinte e um dólares.

Durante nossas apresentações, havíamos considerado algo entre dezoito e vinte e dois dólares. Na minha opinião, tínhamos nos saído muito bem nas reuniões, e a diferença entre vinte e um e vinte e dois dólares significava um milhão para a empresa.

– O nosso número é vinte e dois – eu disse.

Diversas vozes falando do outro lado. Depois, eles disseram:

– Podemos chegar a vinte e um dólares e meio. Essa é a nossa oferta final.

– O nosso número é vinte e dois. Se não podem aumentar, não aceitamos.

Um silêncio ensurdecedor. Tossidas. Papéis sendo mexidos. Depois de uma eternidade:

– Sinto muito. Mas vamos ter que ligar mais tarde para vocês.

Clique.

Cinco minutos.

Depois quinze.

O telefone tocou. Apertamos o botão do viva-voz.

– Senhores… temos um acordo. Nós vamos enviar para o mercado na sexta-feira.

Fui para casa. Os meninos estavam brincando do lado de fora. Penny estava de pé na cozinha.

– Como foi o seu dia? – ela perguntou.

– Tudo bem – respondi.

– Que bom.

– Conseguimos o nosso preço.

Ela sorriu.

– Claro que conseguiram.

No dia seguinte, acordei e estava uma manhã fria e chuvosa. Olhei pela janela. Escorria água pelas árvores. O mundo era o mesmo do dia anterior, no entanto, eu estava rico.

Tomei o café da manhã e fui de carro para o trabalho. Estava na minha mesa antes que qualquer um.

Epílogo

Uma carta final ao jovem leitor

A Nike é uma adulta agora. Há tantas coisas das quais me orgulhar, tantas pelas quais ficar triste, e tanta coisa aconteceu depois que abrimos o capital.

Algumas noites, fiquei sentado em meu escritório, olhando para as trilhas de corrida iluminadas em meio à floresta, e pensei nas muitas partes da minha jornada.

Uma das minhas lembranças prediletas é esta:

Em 1976, a mãe de Bob Woodell chegou para mim e disse:

– Sei que vocês estão sempre precisando de dinheiro e eu só queria que você soubesse que a família tem uma poupança de sete mil dólares. Nós emprestaremos esse dinheiro a você, caso precise.

Fiquei atordoado. Mas consegui perguntar:

– Por que vocês fariam isso?

– Bem – disse ela –, se você não pode confiar na empresa em que seu filho trabalha, em quem poderá confiar?

Eu não queria usar aquele dinheiro de jeito nenhum, mas, um ano mais tarde, estávamos desesperados, e eu disse a Bob que, se a oferta ainda estivesse em pé, a empresa precisava muito do empréstimo, que nos foi dado no dia seguinte.

O empréstimo ainda estava em pé cinco anos mais tarde, quando abrimos o capital, e a empresa permitiu que o valor fosse convertido em ações.

O empréstimo se transformou em ações públicas que valiam um milhão e oitocentos mil dólares. Merle Woodell ligou para a filha Carol e anunciou: "Somos milionários. Meu filho Bob me disse isso".

A abertura de capital nos deu outra oportunidade também. Pagamos a Carolyn Davidson trinta e cinco dólares pelo logotipo da marca. Com a abertura, nós a convidados a vir ao escritório e lhe demos quinhentas ações, que ela nunca vendeu e hoje devem valer um milhão de dólares.

A viagem à China

A viagem de 1980 à China pagou dividendos. Nos anos seguintes, a China se tornou a maior fabricante mundial de calçados, responsável por cerca de quarenta por cento da produção mundial. E talvez, mais importante que isso: tornou-se o nosso segundo maior mercado e aquele com o crescimento mais rápido (ficando atrás apenas dos Estados Unidos).

Não são "apenas negócios"

Pude usufruir de muita interação com meus colegas de trabalho – colegas de equipe, mais do que funcionários – e também com clientes, fábricas e atletas. Isso inclui desde LeBron James me dando um Rolex de 1972 – ano de criação da Nike – com uma dedicatória gravada até Alberto Salazar tendo um ataque cardíaco e pedindo que cuidasse de Galen Rupp caso ele não sobrevivesse, passando por ter ficado com a família no funeral do pai de Michael Jordan.[16]

16 LeBron James e Michael Jordan, jogadores profissionais de basquete da liga norte-americana NBA, estão entre os melhores jogadores de todos os tempos. Alberto Salazar, ex-fundista norte-americano e tricampeão da Maratona de Nova York, foi treinador de Gallen Rupp, atleta norte-americano, especialista nos mil metros. (N. T.)

Penso na frase "são apenas negócios". Nunca são apenas negócios. Não deveriam ser. Caso se tornem apenas negócios, isso significa que os negócios vão mal.

As mortes de Matt, Bowerman e Rob

Os anos se passaram e provaram que tudo tem um fim, que o homem é mortal.

Para mim, o momento mais triste foi o afogamento acidental do meu filho Matthew, em um mergulho em El Salvador, em 2004.

Não existe nada mais triste que a morte de um filho. Deixa um vazio que nunca se vai. Estou enrolado em mim mesmo enquanto escrevo isto.

Mais de uma década após sua morte, a pessoa com quem vivo deixa a TV ligada a noite inteira. A luz tremeluzente interrompe a escuridão e o zunido constante vindo do canto do quarto é um conforto para ela.

E apesar de toda a tristeza, ela trouxe algo positivo: serviu para deixar claro, com a força de um taco de beisebol, quanto é preciosa a vida de uma criança. Para mim, isso significa, uma vez mais, os meus netos.

Bill Bowerman, meu antigo técnico, morreu na véspera de Natal em 1999, em Fossil, Oregon, a cidade da sua infância.

Depois que seu amigo de uma vida inteira e vizinho John Jaqua me telefonou para dar a notícia, precisei de uma hora para sair do escritório. Desisti dos lenços de papel e apenas deixei uma toalha por cima do ombro, um gesto que aprendi com outro amado técnico, John Thompson.

Rob Strasser morreu de repente também. De ataque cardíaco, em 1993, com apenas quarenta e três anos. Ele era tão jovem, aquilo foi uma tragédia, ainda mais porque aconteceu numa época em que estávamos afastados. Brigávamos demais, e ele acabara pedindo demissão.

Tudo teria ficado bem se ele apenas tivesse se demitido, mas ele foi trabalhar na Adidas. Senti isso como uma terrível traição, que demorei mais de uma década para perdoar. Mas o círculo sempre encontra uma maneira de se fechar. Recentemente – com que alegria e orgulho –, a Nike contratou a filha dele, Avery. Aos vinte e dois anos, ela trabalha nos Eventos Especiais e está se saindo muito bem. É uma bênção e uma alegria ver o nome dela na lista de colaboradores da empresa.

Fábricas estrangeiras

Tive a mesma sensação de traição quando a Nike sofreu ataques pelas condições de nossas fábricas no exterior – a chamada controvérsia das fábricas exploradoras. Toda vez que repórteres diziam que uma fábrica não oferecia boas condições de trabalho, eles nunca mencionavam quanto estavam melhores em comparação ao dia em que chegamos. Nunca mencionaram quanto nos esforçamos com nossas fábricas parceiras para melhorar as condições de trabalho, para que os ambientes se tornassem mais limpos e mais seguros. Jamais disseram que aquelas fábricas não eram nossas, que apenas as alugávamos, que éramos um dentre muitos locatários. Simplesmente pesquisaram até encontrar um funcionário com reclamações e sequelas, e usaram esse funcionário para nos vilipendiar, e apenas a nós, sabendo que o nosso nome geraria publicidade máxima.

Mas, por fim, entendemos que poderíamos fazer melhor, e fizemos. Dissemos ao mundo: observem! Tornaremos as nossas fábricas exemplos para todas as outras.

E tornamos. Nos dez anos seguintes às manchetes ruins e aos relatos sensacionalistas, usamos a crise para nos reinventar.

Por exemplo: uma das piores partes numa fábrica de calçados costumava ser a sala da borracha, onde os cabedais e as solas são unidos. A fumaça é sufocante, tóxica, pode causar câncer. Por isso, inventamos um agente colante a base de água que não emite fumaça, com isso eliminando sete por cento dos cancerígenos no ar. E, depois, cedemos o nosso invento à concorrência, o entregamos a qualquer um que quisesse.

Todos quiseram. Quase todos o usam hoje em dia.

Da crise das fábricas também emergiu o *Girl Effect*, um esforço gigantesco da Nike para interromper o ciclo geracional de pobreza nos cantos mais desolados do mundo. Junto à ONU e outras empresas e parceiros governamentais, o *Girl Effect* vem investindo milhões de dólares em campanhas globais sérias e inteligentes para educar, conectar e fazer jovens meninas melhorarem de vida. Economistas e sociólogos, sem falar dos nossos próprios corações, nos dizem que, em muitas sociedades, as meninas são a demografia mais economicamente vulnerável e vital. Portanto, ao ajudá-las estamos ajudando a todos. Seja na luta para acabar com o casamento infantil na Etiópia, seja construindo espaços seguros para adolescentes na Nigéria, seja lançando uma revista ou um programa de rádio para enviar mensagens inspiradoras e poderosas para as jovens em Ruanda, o *Girl Effect* está mudando milhões de vidas, e os melhores dias da minha semana, do meu mês e do ano são aqueles em que recebo relatos auspiciosos sobre essas linhas de frente.

Encerro com conselhos que podem ser úteis aos jovens leitores deste livro. De certa forma, vocês todos são meus netos.

Como se preparar melhor para as batalhas que virão na sua vida?

A. Não existe um caminho certo na vida.

O que torna tudo muito mais interessante.

Trabalhe com o que você tem. Você não precisa ter vinte e quatro anos e estar desempregado. Diga ao mundo que você é o CEO da Blue Ribbon Sports.

B. Faça o que você sabe e ama fazer (como correr).

Haverá dias sombrios mesmo se você fizer isso. Se não fizer, os dias sombrios serão intoleráveis.

C. Trabalhe muito.

Sim, a sorte tem um papel importante. Algumas pessoas podem não chamar isso de sorte. Podem chamar de Tao ou Espírito. Ou Deus.

Mas veja desta forma: quanto mais você se esforçar, melhor será o Tao. E já que ninguém nunca definiu Tao, eu ainda vou à missa. Tenha fé em si mesmo, mas também tenha fé na fé. Não a fé definida pelos outros. A fé que você define.

D. Não tenha vergonha de pedir conselhos.

Nas minhas viagens, de vez em quando conhecia jovens promissores que insistiam que não pediriam a ajuda de ninguém ao longo do caminho. Queriam fazer tudo sozinhos.

A minha abordagem era oposta. É difícil estar lá fora: consiga a ajuda que puder. Pedir ajuda é apenas uma parte daquela busca eterna pela sabedoria.

E. Faça um trabalho que signifique algo para você.

O seu objetivo não deve ser o de procurar um emprego, nem mesmo uma carreira, mas procurar o seu chamado.

F. Perceba que trabalho em equipe importa.

Duas pessoas talentosas que trabalham juntas sempre serão melhores que dois grandes talentos que não trabalham juntos.

G. Quando a porta se fecha diante dos seus sonhos, olhe para além do que todos os outros consideram normal.

Se você não consegue financiamento no seu país, não tenha medo de procurar a onze mil quilômetros da sua casa.

H. Existe algo chamado criatividade administrável.

Pessoas criativas tendem a ser imprevisíveis, excêntricas até. Algumas erguem as mãos para o alto e dizem: "É impossível tratar com aquela pessoa". Procure identificar maneiras não tradicionais de lidar com essa pessoa.

I. E mais importante de tudo: ouse arriscar-se para não deixar seu talento enterrado.

Onde não há esforço não pode haver arte.

Há seis décadas, Frank Shallenberger, adorado professor de empreendedorismo em Stanford, disse as palavras que significaram tanto para mim, aquelas que se tornaram um mantra para a sua classe e para as minhas ações:

"Você só não pode fracassar... na última vez que tentar"

Com os meus mais sinceros votos de que a sua jornada seja feliz.

Boa sorte,

Phil Knight

Agradecimentos

Passei boa parte da minha vida endividado. Como jovem empreendedor, fiquei dolorosamente familiarizado com aquela sensação de ir dormir à noite e acordar pela manhã devendo a muitas pessoas um montante muito maior do que eu poderia devolver.

Nada, contudo, fez que eu me sentisse mais em débito do que escrever este livro.

Assim como não existe fim para minha gratidão, parece não haver um ponto lógico e adequado a partir do qual começar a expressá-la. Então, vamos lá. Na Nike, quero agradecer à minha assistente, Lisa McKillips, por fazer tudo – tudo mesmo – de modo perfeito, com alegria, e sempre com um sorriso radiante no rosto; aos meus velhos amigos Jeff Johnson e Bob Woodell, por me fazerem lembrar, e por serem pacientes quando eu me lembrava de maneira diferente; ao historiador Scott Rames, por separar com habilidade fatos de mitos; e Maria Eitel, por dedicar sua experiência a questões difíceis.

Claro, meu mais enfático e maior agradecimento aos sessenta e oito mil funcionários da Nike em todo o mundo, pelos seus esforços diários e sua dedicação, sem os quais não existiria livro algum, nem um autor, nem nada. Em Stanford, eu gostaria de agradecer ao gênio maluco e professor excepcional Adam Johnson, por seu exemplo brilhante do que significa ser um escritor e um amigo; a Abraham Verghese, que instrui enquanto escreve – tranquilamente, sem esforço –, e aos inúmeros alunos de graduação que conheci enquanto participava, sentado na fila do fundo, de aulas de redação – cada um deles me inspirou com sua paixão pela língua e pelo ofício.

Na Scribner, muito obrigado à lendária Nan Graham, por seu apoio constante; a Brian Belfiglio, Roz Lippel, Susan Moldow e Carolyn Reidy, pelo entusiasmo contagiante e revigorante; a Kathleen Rizzo, por fazer a produção seguir em frente sem sobressaltos, enquanto mantinha uma calma suprema; e, acima de tudo, obrigado à minha extremamente talentosa e perspicaz editora Shannon Welch, que me deu a segurança de que eu precisava, quando eu precisava, sem que nenhum de nós tivesse plena ciência de quanto eu precisava. Seus comentários iniciais e análise, além da sua sabedoria precoce, fizeram a diferença.

De maneira aleatória, sem nenhuma ordem, agradeço aos muitos amigos e colegas que foram tão generosos com seu tempo, talento e conselhos, inclusive o superagente Bob Barnett, o extraordinário poeta e administrador Eavan Boland, o memorialista do Grand Slam Andre Agassi e o artista dos números Del Hayes. Um agradecimento especial e profundo ao amigo-muso-escritor esportivo-jornalista-novelista-memorialista J. R. Moehringer, a cujos bom humor, generosidade e dom invejável para contar uma história confiei os muitos e muitos rascunhos deste livro.

Por fim, eu gostaria de agradecer à minha família, todos eles, mas em especial ao meu filho Travis, cujo apoio e amizade significaram – e significam – tudo para mim. E, claro, um agradecimento engasgado e emocionado à minha Penelope, que esperou. E esperou. Esperou enquanto eu viajava, e esperou enquanto eu me perdia. Esperou noite após noite enquanto eu voltava lentamente para casa – normalmente tarde, para o jantar já frio – e ela esperou nos últimos anos enquanto eu revivia tudo isso, em voz alta, em minha mente, e nas páginas, mesmo quando havia páginas que ela não queria reviver. Desde o começo, já há meio século, ela esperou, e agora, por fim, posso lhe entregar estas páginas suadas e dizer, sobre elas, sobre a Nike, sobre tudo: Penny, eu não teria conseguido sem você.

TIPOGRAFIA: FUTURA E GARAMOND